Handleiding kortdurende schematherapie

Michiel van Vreeswijk
Jenny Broersen

Handleiding kortdurende schematherapie

Voor groepstherapie en individuele therapie

Bohn
Stafleu
van Loghum

Houten 2017

ISBN 978-90-368-1546-8   ISBN 978-90-368-1547-5 (eBook)
DOI 10.1007/978-90-368-1547-5

© Bohn Stafleu van Loghum, onderdeel van Springer Media BV 2006, 2013, 2017
Alle rechten voorbehouden. Niets uit deze uitgave mag worden verveelvoudigd, opgeslagen in een geautomatiseerd gegevensbestand, of openbaar gemaakt, in enige vorm of op enige wijze, hetzij elektronisch, mechanisch, door fotokopieën of opnamen, hetzij op enige andere manier, zonder voorafgaande schriftelijke toestemming van de uitgever.

Voor zover het maken van kopieën uit deze uitgave is toegestaan op grond van artikel 16b Auteurswet j° het Besluit van 20 juni 1974, Stb. 351, zoals gewijzigd bij het Besluit van 23 augustus 1985, Stb. 471 en artikel 17 Auteurswet, dient men de daarvoor wettelijk verschuldigde vergoedingen te voldoen aan de Stichting Reprorecht (Postbus 3060, 2130 KB Hoofddorp). Voor het overnemen van (een) gedeelte(n) uit deze uitgave in bloemlezingen, readers en andere compilatiewerken (artikel 16 Auteurswet) dient men zich tot de uitgever te wenden.

Samensteller(s) en uitgever zijn zich volledig bewust van hun taak een betrouwbare uitgave te verzorgen. Niettemin kunnen zij geen aansprakelijkheid aanvaarden voor drukfouten en andere onjuistheden die eventueel in deze uitgave voorkomen.

NUR 408
Basisontwerp omslag: Studio Bassa, Culemborg
Automatische opmaak: Scientific Publishing Services (P) Ltd., Chennai, India

Bohn Stafleu van Loghum
Het Spoor 2
Postbus 246
3990 GA Houten

www.bsl.nl

Woord vooraf

Iedereen leeft met een aantal opvattingen over zichzelf, anderen en de wereld om zich heen. Hardnekkige opvattingen, *schema's*, bepalen hoe mensen functioneren in het dagelijks leven, hoe zij omgaan met anderen en met zichzelf. De mate waarin schema's mensen hinderen in hun dagelijks leven en soms hun functioneren lijken te bepalen, wisselt per persoon. In het kader van de zorgprogrammaontwikkeling voor persoonlijkheidsstoornissen is in 2006 een protocol ontworpen voor de behandeling van patiënten die als gevolg van hun schema's vastlopen in het leven, of bij wie dat dreigt te gebeuren. Dit protocol werd door ons beiden met veel enthousiasme toegepast; het werd ook veel gehanteerd voor individuele schematherapie, waarbij het accent ligt op de cognitief gedragstherapeutische technieken. Met de uitgave van de handleiding en het werkboek van *Schemagerichte therapie in groepen – Cognitieve groepspsychotherapie bij persoonlijkheidsproblematiek* werd het protocol in brede kring beschikbaar.

In 2013 werd de eerste herdruk gepubliceerd. Deze herdruk heeft toen een nieuwe titel gekregen: *Kortdurende schemagroepstherapie – Cognitief gedragstherapeutische technieken*. De feedback en suggesties van patiënten en collega's hebben ertoe geleid dat de handleiding en het werkboek een ander jasje hebben gekregen. Zowel in de handleiding als het werkboek werd meer nadruk gelegd op het werken met dit protocol in groepstherapie, met daarbij nog meer aandacht voor groepsdynamische processen. Veel behandelaren hebben aangegeven dat dit protocol in individuele therapie gemakkelijker toe te passen is en dat zij behoefte hadden aan aanvullende handvatten voor het toepassen van dit protocol in groepstherapie. Ook voor patiënten hadden we meer informatie opgenomen over en technieken beschreven voor schemagroepstherapie. In deze herdruk hadden wij alle schema's en modi aangepast aan de laatste ontwikkelingen binnen schematherapie. Tot slot werd het werken met het gecombineerde schema/modusmodel nog explicieter uitgewerkt.

Tot ons genoegen kunnen wij nu in 2017 een volgende herdruk presenteren. Deze herziene druk richt zich, naast het *Werkboek kortdurende schematherapie: CGT-techieken*, nu ook op het nieuwe *Werkboek kortdurende schematherapie: experiëntiële technieken*. Deze handleiding behandelt twee kortdurende protocollen die los van elkaar of – voor een langere therapie – achtereenvolgend kunnen worden aangeboden. De protocollen zijn geschikt voor individuele schematherapie en voor schemagroepstherapie.

Wij hopen dat het nieuwe *Werkboek kortdurende schematherapie: experiëntiële technieken* goed wordt ontvangen. Hetzelfde hopen wij voor de herdruk van deze handleiding en het *Werkboek kortdurende schematherapie: CGT-technieken*. De bijlagen bij deze handleiding en alle huiswerkformulieren behorend bij de beide werkboeken zijn te downloaden via extras.springer.com. Toets daar het ISBN-nr. van het betreffende boek in.

Michiel van Vreeswijk
Delft

Jenny Broersen
Amsterdam

Dankwoord

Voor de totstandkoming van de herdruk in 2017 hebben we gebruikgemaakt van feedback van patiënten, cursisten, supervisanten en collega's die de afgelopen jaren met het werkboek en de handleiding hebben gewerkt. Het zijn te veel namen om op te noemen, maar wij zijn hen allen zeer dankbaar voor hun waardevolle opmerkingen.

Michiel van Vreeswijk
Jenny Broersen

Over de auteurs

Michiel van Vreeswijk is klinisch psycholoog en directeur van G-kracht psychomedisch centrum. Hij is hoofddocent diagnostiek voor de opleiding tot Gezondheidszorgpsycholoog Volwassenen & Ouderen bij Rino Groep, regio Rotterdam en Leiden. Hij is erkend supervisor en leertherapeut cognitieve gedragstherapie (VGCt) en erkend supervisor schematherapie bij het Nederlands register schematherapie en de International Society of Schema Therapy (ISST).

Jenny Broersen is als klinisch psycholoog en als locatiehouder werkzaam bij G-kracht psychomedisch centrum Amsterdam en werkzaam bij GGZ Delfland te Delft. Zij is hoofddocent behandeling voor de opleiding tot Gezondheidszorgpsycholoog Volwassenen & Ouderen bij Rino Groep, regio Rotterdam. Zij is erkend supervisor en leertherapeut cognitieve gedragstherapie (VGCt) en erkend supervisor schematherapie bij het Nederlands register schematherapie en de International Society of Schema Therapy (ISST).

Inhoud

1	**Inleiding**	1
2	**Theoretische beschouwing**	5
2.1	Schematherapie voor persoonlijkheidsproblematiek	6
2.2	Overeenkomsten en verschillen tussen schematherapie en cognitieve gedragstherapie voor As II	8
3	**Individuele schematherapie**	11
3.1	Inleiding individuele schematherapie	12
3.2	Voordelen ten opzichte van schemagroepstherapie	12
3.3	Therapiefasen in individuele schematherapie	13
3.4	Multidisciplinair werken	13
3.5	Naastbetrokkenen	14
4	**Kortdurende schematherapie in groepen**	17
4.1	Inleiding	18
4.2	Groepsdynamica in schemagroepstherapie	19
4.2.1	Startfase: sessie 1–3	20
4.2.2	Werkfase: sessie 4–15	20
4.2.3	Afrondende fase: sessie 16–18	21
4.2.4	Follow-upfase	21
4.3	Cotherapie	21
4.4	Refamilying en limited reparenting in de groep	23
5	**Onderzoeksbevindingen**	25
6	**Behandelrationale**	29
7	**(Contra-)indicaties**	33
8	**Behandelprotocol SCGT**	37
8.1	Inleiding	38
8.2	Diagnostiek en effectmetingen	38
8.3	Draaiboek behandelsessies	39
8.3.1	Adviesgesprek (1 à 3 gesprekken)	39
8.3.2	Behandelsessies	42
9	**Behandelprotocol SEPT**	67
9.1	Korte inleiding	68
9.2	Draaiboek behandelsessies	68
9.2.1	Therapiefase 1 (sessie 1–3)	68
9.2.2	Therapiefase 2 (sessie 4–15)	69
9.2.3	Therapiefase 4 (sessie 16–18)	73
9.2.4	Follow-upfase (19–20)	75

10	**Valkuilen en tips**	77
10.1	Algemene valkuilen in kortdurende schematherapie	78
10.2	Specifieke valkuilen in individuele kortdurende schematherapie	79
10.3	Specifieke valkuilen in kortdurende schemagroepstherapie	80
11	**Slotbeschouwing**	83
	Bijlagen	85
	Bijlage 1 Patiëntenfolder kortdurende schematherapie: groepstherapie en individuele therapie	86
	Bijlage 2 Screeningslijst schemacopingstijlen	98
	Bijlage 3 Samenvatting testonderzoeksresultaten kortdurende schematherapie	100
	Bijlage 4 Schema ernstinschatting/modus ernstinschatting	102
	Bijlage 5 De Refamilyingschaal	103
	Literatuur	106

Inleiding

© Bohn Stafleu van Loghum, onderdeel van Springer Media BV 2017
M. van Vreeswijk, J. Broersen, *Handleiding kortdurende schematherapie*,
DOI 10.1007/978-90-368-1547-5_1

Een kortdurende protocollaire (groeps)behandeling voor persoonlijkheidsproblematiek, gebaseerd op de cognitief gedragstherapeutische principes van de schematherapie (Young 2003; Young en Klosko 2005; Arntz en Bögels 2000; Young en Pijnaker 1999), was tot 2006 nog niet ontwikkeld, hoewel de schematherapie zelf de laatste decennia veel bekendheid heeft gekregen.

Er is in 2006 bewust voor gekozen om het protocol *Kortdurende schematherapie: CGT-technieken* (SCGT) te beperken tot de cognitief gedragstherapeutische interventies uit de schematherapie. Het hanteren van alle technieken die de schematherapie rijk is in dit kortdurende behandelprotocol zou naar onze mening de kwaliteit niet ten goede komen. Tegelijk kan een ervaren (groeps)therapeut het protocol zo toepassen dat het geen dwangbuis is, maar een leidraad voor zowel patiënt als therapeut. De auteurs hebben nu ook een protocol kortdurende schematherapie met experiëntiële technieken (SEPT) ontwikkeld.

Deze handleiding behandelt twee kortdurende protocollen (SCGT en SEPT) die u los van elkaar of – voor een langere therapie – achtereenvolgend kunt aanbieden. De protocollen zijn geschikt voor individuele schematherapie en voor schemagroepstherapie. Voor beide protocollen is ook een werkboek voor patiënten gemaakt (Broersen en Vreeswijk van 2017a, b).

De auteurs hebben ook verschillende andere protocollen kortdurende schematherapie ontwikkeld, waaronder een protocol schema-mindfulness (Vreeswijk van et al. 2009), een protocol interpersoonlijke schematherapie, protocol toekomst en preventie schematherapie en protocol Gezonde volwassene (laatstgenoemden niet gepubliceerd). Deze verschillende protocollen kunnen ook achter elkaar gegeven worden, afhankelijk van wat nodig is voor de patiënt. Kortdurend werken vraagt om beperken van interventies en proberen gerichte keuzes te maken in het bepalen welke vorm van schematherapie voor welke patiëntengroep het meest of eerst geschikt lijkt te zijn.

Om verschillende redenen is voor het ontwikkelen van diverse protocollen kortdurende schematherapie gekozen. Ten eerste bestaat er in de dagelijkse praktijk veel belangstelling voor schematherapie. Resultaten uit wetenschappelijk onderzoek laten zien dat individuele schematherapie voor patiënten met een borderlinepersoonlijkheidsstoornis zeer effectief is en een lage drop-out kent en een grote tevredenheid van patiënten en behandelaren (Giesen-Bloo et al. 2006; Nadort et al. 2009). Ook is deze behandeling bewezen effectief voor patiënten met een cluster C-persoonlijkheidstoornis (Bamelis et al. 2014). Voor schemagroepstherapie voor patiënten met een borderlinepersoonlijkheidsstoornis lijkt er ook evidentie te zijn (Farrell et al. 2009). Er is een groeiend aantal onderzoeken naar (groeps)schematherapie, niet alleen voor de behandeling van borderlinepersoonlijkheidsstoornis maar ook voor andere stoornissen (zie voor een overzicht Bamelis et al. 2008, 2012).

De gestructureerdheid en de tijdsduur zijn een andere reden om de voor u liggende protocollen te ontwikkelen. Patiënten hebben behoefte aan en recht op een zo kort en effectief mogelijke behandeling van hun klachten. Zij willen vaak handvatten voor het kunnen aanpakken van hun klachten. Daarnaast wordt de behoefte om, naast langdurende effectieve behandeling van persoonlijkheidsproblematiek, ook kortdurende en op effectiviteit te onderzoeken behandelingen te ontwikkelen steeds groter. In de cognitieve gedragstherapie bestaan voor veel As I-klachten duidelijk omschreven protocollen met een beperkte tijdsduur. Voor de behandeling van persoonlijkheidsproblematiek zijn vrijwel geen kortdurende protocollen voorhanden. De dialectische gedragstherapie van Linehan (1993a, b) is een van de weinige vormen van therapie die duidelijk gestructureerd wordt omschreven. De twee protocollen SCGT en SEPT zijn gestructureerd van aard en bestaan uit achttien sessies en twee follow-upsessies. Deze vorm van behandeling duurt in het algemeen korter dan de meeste reguliere behandelingen van persoonlijkheidsproblematiek en is ook korter dan de schematherapie zoals door Young en collega's (Young 2003; Young en Klosko 2005) beschreven. Laatstgenoemde behandeling duurt vaak enkele jaren. Beide protocollen kortdurende schematherapie duren korter, omdat er rechtstreeks op de problemen wordt gefocust en deze op een actieve wijze worden bewerkt. De gestructureerdheid van de protocollen dwingt de behandelaar en de patiënt bezig te zijn met de zich herhalende gedragspatronen waar hij in zijn leven steeds tegen aanloopt; probleemvermijding en angst voor verandering worden al in een vroeg stadium onderwerp van de behandeling. De behandeling kan op indicatie langer worden gemaakt door de protocollen achtereenvolgens te geven.

Ten slotte was er destijds nog een reden voor het ontwikkelen van dit protocol SCGT, namelijk het ontbreken van een beschreven kortdurende *ambulante* schematherapie in een groep. In de dagelijkse praktijk werd de schemagerichte benadering steeds vaker in een groepsbehandeling toegepast. In de literatuur werd wel uiteengezet hoe schematherapie gebruikt kan worden voor een groepsbehandeling in een klinische psychotherapeutische setting (Thunnissen en Muste 2002; Muste et al. 2009a, b), maar deze vorm van therapie werd niet voor ambulante groepen beschreven. Een groepsbehandeling in een klinisch psychotherapeutische setting heeft overeenkomsten met een ambulante groepsbehandeling, maar er zijn ook duidelijke verschillen.

Deze handleiding geeft duidelijke richtlijnen hoe beide protocollen in de dagelijkse behandelpraktijk kunnen worden toegepast. Het is een handleiding waarin uiteen wordt gezet hoe de behandeling er van sessie tot sessie uitziet. Naast deze handleiding zijn twee werkboeken (*Werkboek kortdurende schematherapie: experiëntiële technieken* en *Werkboek kortdurende schematherapie: CGT-technieken*) beschikbaar. De handleiding is geschreven voor groepsbehandeling en voor individuele therapie. De auteurs hebben inmiddels ook ruime ervaring met individuele behandelingen volgens dit protocol.

Er wordt geen volledig overzicht gegeven van de literatuur op het gebied van de behandeling van persoonlijkheidsproblematiek. Bij het schrijven van deze handleiding zijn wij ervan uitgegaan dat de lezer vertrouwd is met de basale cognitief gedragstherapeutische technieken (zie o.a. Bögels en Oppen 2002) en de experiëntiële technieken (Arntz en Jacob 2012; Genderen van en Arntz 2010).

Hoewel behandelaren en patiënten zeer tevreden zijn over het werken met deze schematherapieprotocollen en er gunstige behandelresultaten worden gerapporteerd, is er nog geen wetenschappelijk gerandomiseerd effectonderzoek gedaan naar de werkzaamheid van beide protocollen. Wel zijn er enkele *open label trials* uitgevoerd naar de kortdurende schemagroepstherapie: cognitief gedragstherapeutische technieken (SCGT-g), waarvan de onderzoeksresultaten gepubliceerd zijn (Vreeswijk van et al. 2012; Renner et al. 2013; Videler et al. 2014). Vanaf 2015 is een open label trial gestart naar het effect van de kortdurende schemagroepstherapie experiëntiële technieken SEPT-g (Groot de et al. in progress).

Schemagroep: CGT-technieken (SCGT-g)

Een patiënte die had deelgenomen aan een schematherapie met de SCGT-protocol in groepsverband zei aan het einde: 'Ik heb ontdekt dat ik heel vaak vrienden uitkoos die heel veel op mijn ouders leken: star en boos. Voor ik deelnam aan deze groepstherapie deed ik star en boos terug. Nu kan ik meer kiezen en vaker op een rustige manier reageren. Sommigen van hen zijn niet langer mijn vrienden'.

> **Individuele schematherapie: experiëntiële technieken (SEPT)**
>
> Na het volgen van de individuele schematherapie (SEPT protocol) kon de patiënt veel meer tegengif bieden aan zijn schema's die zorgen voor overbelasting en terugkerende depressieve klachten. Hij is zich meer bewust van de wijze waarop de schema's ervoor zorgen dat zijn emotionele kernbehoeften genegeerd worden. In een behandeling voor zijn depressie was hij zich wel bewust geworden dat zijn verantwoordelijkheidsgevoel en geen nee kunnen zeggen een rol spelen, er was echter meer nodig om deze hardnekkige patronen tegengif te bieden.

Theoretische beschouwing

2.1 Schematherapie voor persoonlijkheidsproblematiek – 6

2.2 Overeenkomsten en verschillen tussen schematherapie en cognitieve gedragstherapie voor As II – 8

© Bohn Stafleu van Loghum, onderdeel van Springer Media BV 2017
M. van Vreeswijk, J. Broersen, *Handleiding kortdurende schematherapie*,
DOI 10.1007/978-90-368-1547-5_2

2.1 Schematherapie voor persoonlijkheidsproblematiek

Voor een uitgebreide beschrijving van de theorie achter schematherapie en de bijbehorende interventies wordt verwezen naar het handboek van Young et al. (2003), het handboek van Van Vreeswijk et al. (2008, 2012), Van Genderen en Arntz (2010), Arntz en Jacob (2012). Hier worden in het kort de belangrijkste elementen van schematherapie beschreven.

Schematherapie is integratieve psychotherapie die ontwikkeld is op basis van theorieën uit de cognitieve gedragstherapie, de hechtingstheorie, de objectrelatietheorie en experiëntiële therapievormen. Schematherapie is ontworpen voor patiënten met diverse, al lange tijd bestaande emotionele problemen, waarbij ervan uit wordt gegaan dat de ontwikkeling hiervan in de kindertijd en adolescentie heeft plaatsgevonden. Langdurige emotionele problemen ontstaan omdat tijdens het ontwikkelingsproces niet voldaan is aan de belangrijkste basisbehoeften van ieder kind. Basisbehoeften die Young (2003) noemt zijn:
1. gevoel van veiligheid;
2. voorspelbaarheid;
3. liefde, verzorging en aandacht;
4. acceptatie en waardering;
5. empathie;
6. begeleiding en bescherming;
7. validatie van emoties en behoeften.

In tab. B.1 (zie bijlage 1: Patiëntenfolder) (Lockwood en Perris 2012) worden de emotionele kernbehoeften weergegeven. In deze tabel wordt bij elk schema een specifieke emotionele kernbehoefte weergegeven waarbij ook aandacht is voor hoe deze behoefte gerelateerd is aan de ander. Hiermee wordt nog scherper duidelijk welke behoefte in de kindertijd onvervuld zijn gebleven.

Wordt aan deze basisbehoeften niet voldaan, dan ontstaan al vroeg maladaptieve schema's. Een schema wordt gedefinieerd als een breed en hardnekkig thema of patroon dat opgebouwd is uit herinneringen, lichamelijke gewaarwordingen, emoties en gedachten ten aanzien van zichzelf en de relatie met anderen. Het ontstaan van de schema's is mede gebaseerd op het temperament van het kind, negatieve levensgebeurtenissen en culturele invloeden.

> **Voorbeeld schemagroep**
>
> 'Het groepsproces vond ik heel belangrijk. De herkenning bij anderen. Horen dat anderen van vergelijkbare dingen last hebben. Dat verzachtte ook veel. Ik kan nu milder naar mezelf kijken. Ik kan nu ook milder naar anderen kijken. Ik ben minder streng geworden voor mezelf en anderen. Ik heb geleerd mezelf te accepteren en te waarderen. Ik heb nu geleerd dat andere mensen mij kunnen waarderen zoals ik ben.'

Voorbeeld individuele schematherapie

'Bij aanvang van de schematherapie liet de schematherapeut mij weten dat ik vanuit het schema Gebrek aan Zelfcontrole en schema Afhankelijkheid/incompetentie mogelijk therapieafspraken kan afzeggen. Deze schema's kunnen ervoor zorgen dat ik geen nieuwe stappen maak in het leven. Ik voelde mij hierdoor wel uitgedaagd. Ik heb de afspraak gemaakt mijn schematherapeut te bellen wanneer de schema's ervoor zorgden dat ik niet op afspraak zou komen. Ik heb het idee dat ik in een individuele schematherapie minder goed kan vermijden. Elke sessie moet ik iets inbrengen en de schematherapeut helpt mij om niet te veel mijn emoties te vermijden en nieuwe stappen in mijn leven te zetten.'

Schema's zijn in belangrijke mate destructief bij mensen met persoonlijkheidsproblematiek, en daarmee onderscheiden deze mensen zich van goed functionerende mensen, die weliswaar ook schema's hebben, maar daar geen last van hebben omdat de schema's minder sterk aanwezig zijn. Patiënten met persoonlijkheidsproblematiek reageren in het dagelijks leven vaak op basis van schematriggering.

Van Vreeswijk et al. (2008, 2012) beschrijven negentien schema's (zie bijlage 1: Patiëntenfolder). Deze schema's danken hun voortbestaan aan drie algemene schemacopingstijlen die de patiënt geleerd heeft te hanteren: schema-overgave, schemavermijding en schema-overcompensatie. Schema-overgave uit zich in 'bevriezingsgedrag' van de patiënt, die niet meer in staat is om adequaat te handelen en problemen op hun beloop laat. Een veelgehoorde reactie van de patiënt die de schema-overgave copingstijl hanteert is: 'Zie je wel dat dat het zo gebeurt. Ik wist het wel.' De copingstijl schemavermijding uit zich in vluchtgedrag als langdurig televisie kijken, langdurig achter de computer zitten en in het algemeen zich met andere dingen bezighouden die voor afleiding zorgen. Schema-overcompensatie uit zich in vechtgedrag. Zo kan een patiënt die deze copingstijl hanteert als compensatie van zijn schema Onderwerping zich plotseling heel dominant gaan opstellen, terwijl hij zich eigenlijk heel klein voelt en bang is voor een confrontatie met de ander.

De 'triggering' van een schema en de manier waarop de patiënt op grond van schemacoping reageert, leidt tot een gemoedstoestand die door Young (2003); Lobbestael et al. (2007) 'modus' wordt genoemd. Een modus is de voornaamste toestand van lichamelijke gewaarwordingen, emoties, herinneringen en cognities waarin een patiënt verkeert nadat een of meer schema's zijn getriggerd. Er wordt verondersteld dat er minimaal veertien modi zijn (Vreeswijk van et al. 2008, 2012; zie voor een beschrijving bijlage 1: Patiëntenfolder).

Het doel van schematherapie is patiënten helpen bij het op een adequate manier voldoen aan hun basisbehoeften/emotionele kernbehoeften. Dit gebeurt door het veranderen van maladaptieve schema's, copingstijlen en modi die naar voren komen als een schema getriggerd wordt. De eerste fase van deze therapie richt zich op onderzoek en psycho-educatie. Samen met de patiënt worden centrale levensthema's opgespoord, en schema's worden gekoppeld aan (zich herhalende) problemen en de levensgeschiedenis van de patiënt. Patiënten worden in contact gebracht met de emoties die ontstaan wanneer een schema getriggerd wordt. Ook worden disfunctionele copingstijlen en de schemamodi in kaart gebracht. Een en ander wordt uiteindelijk door de therapeut visueel voorgesteld en besproken met de patiënt.

In de tweede fase van de veranderingsfase wordt door middel van empathische confrontatie en realiteitstoetsing gewerkt aan het aanpakken van schema's. Het kan hierbij helpen om de schema's voor te stellen als virussen die al lange tijd in het bloed van de patiënt zitten en de patiënt ziek hebben gemaakt. In de therapie zal de patiënt samen met de individuele schematherapeut of met de groepsleden en groepstherapeuten werken aan een middel waardoor de virussen onschadelijk(er) worden gemaakt. Door deze voorstelling worden schema's meer egodystoon. Het is voor de patiënt vervolgens gemakkelijker om de therapeutische interventies toe te laten, omdat die minder als een agressieve daad tegen de persoon van de patiënt worden ervaren (waar patiënten met persoonlijkheidsproblematiek op grond van hun schema's toch al gevoelig voor zijn), maar tegen iets wat buiten de patiënt staat. Technieken die helpen om de schema's aan te pakken komen uit de cognitieve gedragstherapie (cognitieve herstructurering, het creëren van een geïnternaliseerde 'gezonde stem', gedragsoefeningen om maladaptief gedrag te doorbreken), uit de experiëntiële therapie (oefenen met uiten van boosheid en/of verdriet en pijn) en uit de interpersoonlijk gerichte therapieën (aandacht besteden aan relaties met anderen, bijvoorbeeld in het geval van schemagroepstherapie aandacht geven aan de groepsrelatie en therapeutische groepswerkrelatie).

2.2 Overeenkomsten en verschillen tussen schematherapie en cognitieve gedragstherapie voor As II

Young en anderen beschrijven in hun therapeutenhandleiding (2003) overeenkomsten en verschillen tussen schematherapie en verschillende andere therapievormen. Hier wordt uitsluitend een beperkte beschrijving gegeven van de overeenkomsten en verschillen tussen cognitieve gedragstherapie van persoonlijkheidsproblematiek en schematherapie, en eventuele accentverschillen in de protocollen SCGT en SEPT.

Zowel in de schematherapie als in de cognitieve gedragstherapie (CGT) voor persoonlijkheidsproblematiek wordt belang gehecht aan een hoge mate van samenwerking tussen therapeut en patiënt (Young et al. 2003). De therapeut wordt geacht een actieve rol te vervullen en sturing te geven aan de therapiesessies en aan het verloop van de behandeling. In beide behandelvormen worden patiënten aangemoedigd om hun kerngedachten uit te dagen en meer in lijn te brengen met de realiteit of feitelijk aangetroffen bewijzen uit het leven van de patiënt. Huiswerk en zelfhulpopdrachten spelen een belangrijke rol, en in beide therapievormen wordt geoefend met praktische strategieën om op een adequate manier in het dagelijks leven te functioneren.

Een belangrijk theoretisch verschil tussen schematherapie en cognitieve gedragstherapie is gelegen in de operationalisering van het concept 'modus'. Beck et al. (2004) lijken modi op te vatten als in de evolutie ontwikkelde overlevingsmechanismen. Young daarentegen gebruikt het concept modi om onderscheid te maken tussen schema's als *traits* (trekken) en copingmechanismen versus schema's en copingmechanismen als *states* (toestanden; Young et al. 2003).

Een ander belangrijk verschil tussen de schematherapie en de cognitieve gedragstherapie is de nadruk op de basisbehoeften in de ontwikkeling van de mens. Young et al. (2003) staan in hun verklaring van de ontwikkeling van schema's en modi bewust stil bij deze basisbehoeften (zie ook Vreeswijk van et al. 2012); Beck et al. (2004) doen dit niet.

Qua interventieniveau verschilt schematherapie van cognitieve gedragstherapie omdat bij schematherapie vanaf het begin gewerkt wordt aan de schema's (de basis van automatische gedachten) in plaats van aan de meer aan de oppervlakte liggende automatische gedachten, waar in de cognitieve gedragstherapie als eerste aan gewerkt wordt (Young et al. 2003). Daarnaast ligt bij schematherapie de nadruk op schema's, copingmechanismen (schemavermijding, schemacompensatie, schemabevestiging) en modi, terwijl die in cognitieve gedragstherapie secundair is. De schematherapeut neemt meer vrijheid om te wisselen tussen het kijken naar verleden en heden, de cognitief gedragstherapeutische benadering richt zich meer op de huidige problemen of op symptoomoplossing.

In de behandeling volgens het SCGT-protocol wordt slechts incidenteel stilgestaan bij de ontstaansgeschiedenis van schema's. Bijvoorbeeld bij het geven van psycho-educatie of wanneer er herhalingspatronen door de patiënt zelf, de groepsleden of door de groepstherapeuten benoemd kunnen worden aan de hand van wat bijvoorbeeld in de groep gebeurt. De mate waarin dit gebeurt, past echter meer bij de cognitief gedragstherapeutische behandelmethode dan bij de schematherapievorm. Overigens valt hierover ook op te merken dat het therapeutisch werken in het hier en nu passend is bij kortdurend werken ongeacht de therapeutische stroming (zie voor een ander voorbeeld IPT-G; Snippe 2009).

> **Voorbeeld schemagroep**
>
> Een patiënt vertelt in de groep dat zijn partner vaak haar eigen gang gaat en hij zich buitengesloten voelt, terwijl hij er wel altijd voor haar is. Op een feestje van zijn partner voelt de patiënt zich opnieuw buitengesloten en zegt dit tegen haar, maar zij trekt zich daar niets van aan. De patiënt vertelt aan de groepsleden dat hij haar de rest van de avond genegeerd heeft. Enkele groepsleden confronteren hun medegroepslid met zijn hoge eisen en bijzondere rechten (schema Meedogenloze normen/overmatig kritisch en schema Zich rechten toe-eigenen). Wanneer de patiënt als reactie hierop wat geringschattend naar de groep kijkt en die sessie niet meer aan de groepsinteracties deelneemt, wordt hij hier de volgende keer op aangesproken door de groep. Gaandeweg herstelt het contact zich.

Een ander verschil tussen schematherapie en cognitieve therapie is het veelvuldig gebruik van experiëntiële technieken zoals imaginatie en schema/modi-dialoog. Deze worden in de cognitieve gedragstherapie in mindere mate toegepast. In de SCGT-protocol is bewust gekozen voor het weglaten van imaginatie en ook de dialoogtechniek blijft beperkt tot dialogen in de vorm van rollenspelen op basis van het hier en nu en toekomstige situaties (bijvoorbeeld op basis van interacties op het werk of met partners). Daarnaast worden er rollenspelen gedaan 'tussen' de schema's en de modus van de Gezonde volwassene. In het SEPT-protocol ligt de focus juist op experiëntiële technieken zoals imaginatie (met rescripting), historisch rollenspel en de meerstoelentechniek.

Het belangrijkste, zeer kenmerkende element van schematherapiegroep is het bevorderen van interacties in de groep, zodat patiënten een corrigerende 'familierelatie' kunnen aangaan en alsnog aan bepaalde basisbehoeften wordt voldaan. De groepstherapeuten worden hierin gezien als 'ouders' die een veilig 'gezinsklimaat' bieden waarin nieuwe ontdekkingen gedaan kunnen worden. In de SCGT-g ligt de focus meer op het hier en nu en het beperkte gebruik van experiëntiële technieken. Waarbij de aanwezigheid in een groepstherapie ook al een 'experiëntiële interventie' kan worden genoemd.

Het beperken tot alleen de CGT-technieken is een bewuste keuze geweest. Het gaat hier om een kortdurend protocol en het toepassen van alle schematherapietechnieken in een protocol van 20 zittingen zou naar de mening van de auteurs te veel van het goede zijn geweest. De auteurs hebben om die reden ervoor gekozen een ander kortdurend schematherapieprotocol voor (groeps)therapie te ontwikkelen, waarbij de focus ligt op de experiëntiële technieken (SEPT).

> **Voorbeeld schemagroep**
>
> Een patiënt met het schema Minderwaardigheid/schaamte liegt tegen kennissen en vrienden over het werk dat hij doet, omdat het van een veel lager niveau is dan zijn opleidingsniveau. De patiënt denkt dat zijn vrienden hem stom zullen vinden als ze de waarheid horen. In een rollenspel vertelt de patiënt in zijn rol van Gezonde volwassene aan een medegroepslid, die een vriend van hem speelt, dat hij een lagere baan heeft dan waarvoor hij is opgeleid. De steunende en begrijpende reactie van deze gespeelde vriend zijn voor de patiënt aanleiding om zijn vrienden te vertellen wat voor werk hij doet en waarom hij dit nooit heeft durven zeggen.

Individuele schematherapie

3.1 Inleiding individuele schematherapie – 12

3.2 Voordelen ten opzichte van schemagroepstherapie – 12

3.3 Therapiefasen in individuele schematherapie – 13

3.4 Multidisciplinair werken – 13

3.5 Naastbetrokkenen – 14

© Bohn Stafleu van Loghum, onderdeel van Springer Media BV 2017
M. van Vreeswijk, J. Broersen, *Handleiding kortdurende schematherapie*,
DOI 10.1007/978-90-368-1547-5_3

3.1 Inleiding individuele schematherapie

Schematherapie is een behandeling voor persoonlijkheidsproblematiek (Young et al. 2003) en werd oorspronkelijk als individuele therapie gegeven. Voor een beknopte geschiedenis van de schematherapie verwijzen we naar Arntz (2012). In twee gerandomiseerde studies is de effectiviteit aangetoond van individuele schematherapie voor patiënten met borderlinepersoonlijkheidsstoornis (Giesen-Bloo et al. 2006; Nadort et al. 2009). De resultaten uit deze studies zijn gunstig. In 2014 zijn de resultaten gepubliceerd van een gerandomiseerd studie bij cluster C-stoornissen (Bamelis et al. 2014). Uit deze studie is gebleken dat individuele schematherapie voor deze patiëntengroep effectief is, in vergelijking met de andere behandelconditie is er echter nauwelijks verschil in effectiviteit. De laatste jaren wordt individuele schematherapie ook voor andere problematiek onderzocht. Zo is er een lopende studie naar individuele schematherapie bij de forensische populatie (Bernstein 2012) en naar individuele schematherapie bij patiënten die chronisch depressief zijn (Renner et al. 2016).

Een verschil tussen het SCGT-/SEPT-protocol en de individueel schematherapie in de hiervoor genoemde gerandomiseerde studies is de duur van de behandeling en de behandelfrequentie. In de hiervoor genoemde gerandomiseerde studies naar de effectiviteit van schematherapie bij de borderlinepersoonlijkheidsstoornis duurt de behandeling twee jaar waarbij de behandelfrequentie in het eerste therapiejaar twee sessies per week is. In de studie bij cluster C-problematiek gaat het om een behandeling van 50 sessies. Bij het SCGT-/SEPT-protocol kan een schematherapeut een keuze maken in de tijdsduur door een protocol (20 sessies) te geven of twee protocollen achtereenvolgens aan te bieden (40 sessies). Ook zijn de SCGT- en SEPT-protocollen sessie voor sessie beschreven en liggen de interventies op deze manier meer 'vast'.

Er zijn tot op heden geen publicaties over RCT-studies naar de effectiviteit van kortdurende individuele/groepsschematherapie (SCGT/SEPT). Er zijn wel drie naturalistische studies van de SCGT-groep gepubliceerd (Vreeswijk van et al. 2012; Renner et al. 2013; Videler et al. 2014). De resultaten uit deze studies zijn bemoedigend. Sinds begin 2015 is er een lopende naturalistische studie naar de SEPT-groep (Groot de et al. in progress).

Is er een verschil in de therapie-uitkomsten wanneer schematherapie indvidueel of in een groep wordt gegeven? Er is een studie met een naturalistisch design gepubliceerd die SCGT-indvidueel en SCGT-g met elkaar heeft vergeleken (Jong de et al. 2013). Er is geen significant verschil in de therapie-uitkomsten tussen de beide condities. Wel komt als resultaat naar voren dat de groep patiënten die SCGT individueel hebben gevolgd tevredener is over de behandeling. Of dit te maken heeft met het therapieformat moet nog verder onderzocht worden in een RCT.

3.2 Voordelen ten opzichte van schemagroepstherapie

Een groot voordeel van individuele schematherapie is de flexibiliteit om het SCGT-/SEPT-protocol gemakkelijker op maat te maken. Waar nodig kan in een therapiesessie het accent anders gelegd worden. Zo wordt gekozen voor meer gedragsinstructies in geval er bij een patiënt sprake is van weinig sociale olie. Bij iemand die te veel remming heeft en boosheid naar de ander diepgaand vermijdt, kan de therapeut overwegen meer tijd te besteden aan de processen in de therapeutische relatie en de patiënt empatisch confronteren met wat hierin gebeurt. Binnen de individuele schematherapie kan gemakkelijker rekening worden gehouden met het specifieke type hechtingsproblematiek. Een therapeut kan de afstand en nabijheid op maat doseren als een patiënt hechtingsangst heeft. Tot slot kan een naastbetrokkenene bij de behandeling worden betrokken en kan de frequentie van deze gesprekken nog beter afgestemd worden met de wens van patiënt en de naastbetrokkenen.

Bij individuele schematherapie is er de valkuil dat een schematherapeut in een vernauwde visie terechtkomt. Iedere therapeut heeft zo zijn blinde vlekken. Een patiënt wordt mogelijk te weinig geconfronteerd met zijn schema- en modusgedrag. In een groep kan het schema- en modusgedrag van een patiënt verschillend worden ervaren. De groep is een mini-maatschappij. De processen die daar ontstaan kunnen vergeleken worden met processen die een patiënt in de maatschappij ervaart. In groepstherapie kan de patiënt op een veilige manier oefenen met contact en op een andere manier omgaan met zijn schema's en modi.

3.3 Therapiefasen in individuele schematherapie

In een kortdurende individuele schemaherapie zijn er vergelijkbare therapiefasen als in een kortdurende schemagroepstherapie (zie H. 4). In de SCGT en SEPT kunnen eveneens de volgende fasen onderscheiden worden: startfase (1–3), werkfase (4–15) en een afrondende fase (16–18). Aansluitend is er nog een follow-upfase die bestaat uit twee zittingen. De werkfase duurt langer in geval de protocollen SCGT en SEPT achtereenvolgend worden gegeven.

In tegenstelling tot de schemagroepstherapie hoeft er in de individuele schematherapie geen contact opgebouwd te worden met de groepsleden. In de startfase staat het opbouwen van contact met de therapeut centraal. In de afrondende fase is het beëindigen van de therapie vaak lastiger dan in schemagroepstherapie. In een individuele schematherapie kunnen de schema's van de patiënt en de therapeut elkaar versterken en te taai zijn om deze alleen te doorbreken. Deelname aan een intervisiegroep of consultatie bij een collega kan helpen om met dit proces in de therapeutische relatie om te gaan.

3.4 Multidisciplinair werken

Wij menen dat bij het psychotherapeutisch werken met een groep mensen met persoonlijkheidsproblematiek regelmatig consultatie van collega's van belang is. Dit geldt zowel voor schemagroepstherapeuten als voor schematherapeuten die individuele schematherapie geven. Het is nodig te blijven reflecteren over het therapeutisch proces.

In een individuele schematherapie waarbij andere disciplines en/of hulpverleningsinstanties betrokken zijn, is het van belang dat de samenwerking met de verschillende disciplines en hulpverleningsinstanties duidelijk en afgestemd is. In de dagelijks praktijk is er één behandelaar die de taak op zich neemt om deze afstemming te coördineren (regiebehandelaar). Voor de patiënt is transparantie hierover belangrijk. Zorg dat hij schriftelijke toestemming geeft voor overleg met externe hulpverleningsinstanties en maak duidelijk dat er nooit overleg met een externe collega zal plaatsvinden zonder zijn toestemming. Er zijn situaties die lastig zijn voor de schematherapeut.

> **Voorbeeld individuele schematherapie**
>
> Een 35-jarige man meldt zich opnieuw aan op de polikliniek van een GGZ-instelling. In het verleden is hij eerder aangemeld geweest, echter er heeft geen behandeling plaatsgevonden. Er was toen niet voldoende motivatie. Hij vindt dat hij niet zoveel problemen heeft, maar is wel bereid om schema- en modilijsten in te vullen en op deze manier bij zichzelf stil te staan. Hij is al een tijd gescheiden en zijn achtjarige zoontje is nu twee jaar uit huis geplaatst en woont in een gezinsvervangend tehuis. Tijdens de indicatiefase is besproken om met de hulpverleners van zijn zoontje af te stemmen en er wordt gevraagd om zijn toestemming.
>
> Hij wil absoluut niet dat er overleg komt met de hulpverleners van zijn zoontje en wordt boos in het gesprek. De schematherapeut had deze gemoedstoestand nog niet zo bij de patiënt ervaren. De schematherapeut benadrukt het belang van de samenwerking en wil tegelijkertijd de therapeutische relatie goed houden. Met de patiënt wordt afgesproken binnenkort op dit onderwerp terug te komen. De schematherapeut heeft de volgende vragen: Wat is er in het verleden gebeurd waardoor zijn zoontje uit huis is geplaatst? Hoe verloopt nu het contact met zijn zoontje? Hoe verloopt het contact tussen de patiënt en de hulpverleners van zijn zoontje? Is er een omgangsregeling? Is er nu gevaar voor huiselijke geweld tijdens de omgangsregeling? Wat zijn de risico's?

3.5 Naastbetrokkenen

Waneer iemand persoonlijkheidsproblemen heeft, en in dit geval schematherapie krijgt, dan is het vaak zo dat de omgeving van deze persoon zich zorgen maakt. De naasten kunnen zich machteloos voelen omdat zij niet goed weten hoe zij met de problemen moeten omgaan. Ook komt het regelmatig voor dat familie, partner en/of vrienden overbelast zijn (zie ook Kenniscentrum persoonlijkheidsstoornissen 2012; Meekeren van en Baars 2016).

Voor aanvang van een individuele schematherapie is het van belang te vragen naar de naastbetrokkenen en tijdens het voortraject van schematherapie ernaar te streven iemand uit de directe omgeving van de patiënt uit te nodigen voor een gesprek. Hierbij willen we opmerken dat het geen 'must' is, maar wel van belang is om stil te staan bij de naasten en af te stemmen met de patiënt. Soms heeft de patiënt ook even tijd nodig om aan de therapeut te wennen voordat hij aan zo'n systeemgesprek begint. De naastbetrokkenen kunnen zich buitengesloten voelen wanneer zij niet uitgenodigd worden voor een heteroanamnese. Partner, familie of vrienden hebben vaak geen idee wat een schematherapie inhoudt en welke verwachtingen zij hiervan moeten hebben. Zij kunnen zich erg alleen voelen met deze problemen en door ze niet mee te vragen kunnen deze gevoelens nog intenser worden. De patiënt is zich soms hiervan niet bewust. Het krijgen van voorlichting hierover motiveert om systeemgesprekken aan te gaan. De patiënt kan bezwaren hebben om een partner, familie of vriend uit te nodigen. Het is belangrijk om te realiseren dat hierin schema's en modi een rol kunnen spelen.

3.5 · Naastbetrokkenen

Voorbeeld individuele schematherapie

Lotte, een negentienjarige jonge vrouw, woont bij haar moeder. Haar ouders zijn jaren geleden gescheiden. Zij heeft het niet gemakkelijk thuis. Haar moeder drinkt veel alcohol en bemoeit zich niet met haar. Zij heeft geen broer of zus bij wie zij steun kan zoeken. Lotte heeft last van stemmingswisselingen en beschadigt zichzelf. Zij heeft veel last van de Straffende ouder en het Woedende kind. Zij is net met schematherapie begonnen. Zij raakt geïrriteerd als de schematherapeut over haar moeder begint. De therapeut wil beter begrijpen hoe het gaat thuis. Lotte wil niets kwijt over haar moeder, zij werpt een muur op in het gesprek. Vooral toen de schematherapeut de vraag stelde of het haalbaar zou om haar moeder een keer uit te nodigen. Lotte begrijpt niet zo goed wat er allemaal in haar omgaat, maar voelt zich wel geïrriteerd, benauwd en onder druk staan nu er zo bij haar moeder wordt stilgestaan.

Voorbeeld individuele schematherapie

Liesbeth, een 55-jarige vrouw, heeft veel tijd nodig om contact op te bouwen met de schematherapeut. Zij heeft afgelopen jaren meerdere behandelingen afgebroken. De voorgaande behandelingen overspoelden haar en zij raakte in crisis. Met haar huidige schematherapeut is besproken dat zij hechtingsproblematiek heeft en dat zij als gevolg hiervan afstand houdt in het contact. De schema's Emotionele verwaarlozing en Wantrouwen/misbruik spelen een rol in het contact. De patiënte heeft twee volwassenen kinderen, waarvan een kind nog thuis woont. Deze zoon heeft veel meegekregen van de crisissen van zijn moeder. In het voortraject heeft de schematherapeut aangeboden haar kinderen een keer uit te nodigen voor een gesprek. De patiënte wilde dit wel, maar zij vond het nog te vroeg. Zij moest eerst nog even 'wennen' aan de schematherapeut, eerst maar zien of de therapie überhaupt iets wordt. De schematherapeut heeft begrip. De bereikbaarheid in geval van crisis is met de patiënte besproken en de schematherapeut vraagt aan haar of de kinderen op de hoogte van zijn deze bereikbaarheid. De patiënte gaat het voor de zekerheid nog met haar kinderen doornemen.

Kortdurende schematherapie in groepen

4.1 Inleiding – 18

4.2 Groepsdynamica in schemagroepstherapie – 19
4.2.1 Startfase: sessie 1–3 – 20
4.2.2 Werkfase: sessie 4–15 – 20
4.2.3 Afrondende fase: sessie 16–18 – 21
4.2.4 Follow-upfase – 21

4.3 Cotherapie – 21

4.4 Refamilying en limited reparenting in de groep – 23

© Bohn Stafleu van Loghum, onderdeel van Springer Media BV 2017
M. van Vreeswijk, J. Broersen, *Handleiding kortdurende schematherapie*,
DOI 10.1007/978-90-368-1547-5_4

4.1 Inleiding

Kortdurende schematherapie in de groep (SCGT-g en SEPT-g) vertonen overeenkomsten met de klassieke gedragstherapeutische groepstherapie en de interpersoonlijke groepstherapie (zie Wilfley et al. 2000, pag. 33, tab. 2.1); beide zijn tijdgelimiteerde groepstherapieën.

De kortdurende SCGT-g heeft overeenkomsten met de meer klassieke cognitief gedragstherapeutische groepstherapie: er is een beschrijving voor iedere sessie, er wordt gebruikgemaakt van huiswerk, er wordt verandering in gedrag verwacht, negatieve cognities – in het bijzonder schema's en modi – worden opgespoord, en – onder voorbehoud dat de veiligheid van het groepsklimaat gewaarborgd blijft – er mag contact tussen groepsleden buiten de sessies zijn. De SCGT-g komt echter ook overeen met de interpersoonlijke groepspsychotherapie: de therapeutenstijl van interveniëren is 'gemiddeld'. Er wordt verwacht dat interpersoonlijk gedrag en sociale patronen veranderen, dat de interpersoonlijke coping sterker wordt en dat negatieve gevoelens als gevolg van (huidige) relaties worden aangepakt.

Het hiervoor genoemde geldt ook voor de kortdurende SEPT-groep, echter het accent ligt in deze groep op de experiëntiële technieken in plaats van de cogntief gedragstherapeutische technieken.

> **Schemagroep: CGT-technieken (SCGT-g)**
>
> Een patiënte die moeder is van een dochter van tien jaar en een zoon van elf jaar begint te huilen als een groepslid tegen haar zegt dat hij haar er de laatste tijd zo moe vindt uitzien. De patiënte vertelt daarna in de groep hoe ze naast haar werk altijd volledig heeft klaargestaan voor haar gezin. Ook voor haar moeder is ze altijd beschikbaar. Ze merkt dat ze het nu niet meer kan opbrengen en zou die situatie graag willen veranderen. Een aantal sessies later – de SCGT-g loopt dan naar het einde – vertelt de patiënte over hoe zij aan het veranderen is. In plaats van haar eigen wensen steeds ondergeschikt te maken aan die van anderen, zegt ze nu vaker 'nee'. Ook doet ze vaker leuke dingen die ze zelf graag wil doen. De patiënte heeft gemerkt dat haar omgeving hier erg aan heeft moeten wennen. Ze heeft ruzie met haar moeder gehad, en één vriendschap heeft ze verbroken omdat de vriendin niet echt om haar bleek te geven. De patiënte is wel blij met de verandering; ze merkt dat ze meer energie heeft en weer vrolijker kan zijn.

Net als in de interpersoonlijke groepspsychotherapieën volgens Yalom en Leszcz (2005) wordt in de hier beschreven SCGT-g het interpersoonlijk leren in het hier en nu en een meer existentieel bewustzijn gepromoot.

> **Schemagroep: experiëntiële technieken (SEPT-g)**
>
> Een patiënt vertelt in de SEPT-groep hoe hij laatst ruzie had met zijn vader. Hij zegt: 'Mijn vader heeft mij nooit begrepen. Hij is alleen maar met zichzelf bezig en vindt mij maar een aansteller.' De patiënt vraagt aan de groepstherapeuten wat hij nu moet doen. Wanneer de groepstherapeuten deze vraag neerleggen bij de groep begint een andere patiënt te vertellen over hoe hij altijd ruzie heeft met zijn baas, die nooit aan hem vraagt of het hem uitkomt dat hij er weer meer werk bij krijgt. Een patiënte sluit hierbij aan door te vertellen over haar moeder die haar altijd opbelt om de kleinste dingen. 'En als ik dan zeg dat het me niet uitkomt of dat ik moe ben, zegt ze: "O, ben je moe, wat denk je wel niet dat ik vroeger

voelde toen ik twintig keer zo hard werkte als jij?!'" Er ontstaat een groepsgesprek over het gevoel tekort te worden gedaan (schema Emotionele verwaarlozing), de behoefte aan erkenning en waardering, en of je die nu van anderen moet verwachten of dat het minstens zo belangrijk is dat je over jezelf tevreden kunt zijn.

Bij het samenstellen van een groep voor de kortdurende SCGT-g en SEPT-g kunnen patiënten met verschillende schema's en modi, en wel of niet een volledige persoonlijkheidsstoornis als diagnose in de groep worden opgenomen, zolang binnen de groep rekening wordt gehouden met de groepssamenstelling. Er moet naar gestreefd worden om op de volgende punten bij minimaal twee patiënten (enige) overeenkomst te hebben binnen de groep: sekse, leeftijd, sociale/gezinsachtergrond en type schema's. Over het algemeen is er, gezien de uitgebreide problematiek van patiënten met persoonlijkheidsproblemen, altijd wel op een of meer vlakken een overeenkomst met de groepsleden te vinden en zijn sekse en leeftijd vaak de punten die de meeste aandacht behoeven bij de groepssamenstelling.

De therapeuten die een kortdurende SCGT-g of SEPT-g in groepsverband willen gaan geven, dienen – wanneer zij niet opgeleid zijn tot groepstherapeut – ruime ervaring te hebben in het geven van groepstherapie en zich bewust te zijn van de dynamiek in groepstherapieën en de verschillende fasen die een groep doorloopt (zie bijvoorbeeld Burlingame et al. 2004). De ervaring leert dat het kunnen geven van schemagroepstherapie om duidelijk andere vaardigheden vraagt dan het in staat zijn om individuele schematherapie te geven. In de praktijk wordt het geven van een schema*groeps*therapie regelmatig onderschat en wordt gedacht dat het vaardig zijn in het geven van individuele schematherapie voldoende is.

Mits goed voorbereid kan de schematherapiegroep functioneren als een kleine familie/groot gezin waarin schema's en modi, ontstaan in het ouderlijk gezin, in het hier en nu doorgewerkt kunnen worden. Een collega-therapeut die als cotherapeut helpt bij het gestalte geven aan dit nieuwe 'gezin' heeft een belangrijke toegevoegde waarde.

4.2 Groepsdynamica in schemagroepstherapie

In een kortdurende SCGT-g en SEPT-g is veel aandacht voor de verschillende groepsfasen en -processen. Naast de schema's en modi ligt het accent ook op de groepsdynamica, dat wil zeggen dat de groepstherapeuten eropuit zijn het onderlinge contact tussen de patiënten in de groep te vergroten in plaats van de contacten steeds via een van de groepstherapeuten te laten verlopen. Door het onderlinge contact te stimuleren, komt er meer groepsdynamiek. Er is meer kans op schema- en modustriggering, en door het proces onderling te bespreken hebben patiënten de gelegenheid om inzicht te krijgen in de werking van schema's en modi. Daarbij kunnen zij in een veilig groepsklimaat ook een corrigerende ervaring opdoen, namelijk dat niet alleen de groepstherapeuten hen respecteren en valideren, maar dat ook de andere groepsleden steun, herkenning en veiligheid kunnen bieden.

In een kortdurende groepstherapie zijn er verschillende fasen waar groepstherapeuten rekening mee kunnen houden. In de SCGT-g en SEPT-g kunnen de navolgende fasen onderscheiden worden.

4.2.1 Startfase: sessie 1–3

In deze fase wordt herhaaldelijk uitleg gegeven over de schema's en modi. Patiënten leren de betekenis hiervan en beginnen inzicht te krijgen in de manier waarop deze getriggerd kunnen worden in hun dagelijks leven en in de groepstherapie. In deze fase is het doel nog niet om de schema's en modi te kunnen veranderen.

De groepstherapeuten hebben in deze fase een actieve, uitnodigende en warme werkhouding. Het doel is vooral het contact tussen de patiënten in de groep te stimuleren. De therapeuten zorgen dat de patiënten zich in elkaars schema's en modi herkennen en dat de cohesie in de groep toeneemt. Het vergroten van de cohesie en veiligheid in de groep is het belangrijkste doel, zeker omdat het om een groep patiënten gaat die in eerdere contacten vaak negatieve en beschadigende ervaringen hebben gehad ten aanzien van veiligheid, warmte en respect. In de eerste sessies verlopen de contacten vaak via een van de groepstherapeuten, later zullen de patiënten, daartoe aangemoedigd door de groepstherapeuten, steeds meer direct contact met elkaar maken. Het is soms nodig om duidelijke grenzen te stellen om de veiligheid in de groep te waarborgen. Het werken in subgroepen gedurende de groepssessie kan helpen om het onderlinge contact te stimuleren. Belangrijk is wel dat de subgroepen elkaar daarna plenair informeren over datgene wat zij besproken hebben. Veel patiënten hebben geen ervaring met groepstherapie. Uitleg over groepstherapie, groepsfasen en groepsdynamica wordt door patiënten vaak als prettig ervaren. In sessie 3 kan een vragenlijst over het groepsklimaat worden afgenomen (bijvoorbeeld GCQ-23 of GCQ-12; zie voor relevante literatuur MacKenzie 1983; Trijsburg et al. 2001; Andel et al. 2003; Trijsburg et al. 2004; Trijsburg 2006). De scores die iedere deelnemer heeft ingevuld, worden in de groep besproken. Dit is een krachtig hulpmiddel om patiënten bewuster te maken van het groepsproces. Tijdens de bespreking kunnen de groepstherapeuten het groepsproces verbinden met schema's en modi. Groepstherapeuten kunnen het bijvoorbeeld ook hebben over de meest dominante schemacoping van de groep. Is de therapiegroep geneigd tot (overmatig) schemavermijding, schema-overgave of schema-overcompensatie? Op deze manier snappen patiënten beter hoe zij van groepstherapie gebruik kunnen maken om hun schema's en modi te veranderen.

4.2.2 Werkfase: sessie 4–15

Het doel van deze fase is naast de bewustwording van schema's en modi, ook het anders leren omgaan met schema's en modi. In deze therapiefase kan het bespreken van de (werk)relatie met de groepsleden en groepstherapeuten toegepast worden om schema's en modi te veranderen. In de kortdurende SCGT-g worden de cognitieve technieken en gedragsmatige technieken toegepast en in de kortdurende SEPT-g wordt vooral met experiëntiële technieken gewerkt.

De groepstherapeuten blijven aandacht houden voor de cohesie en veiligheid in de groep, maar zij zullen minder snel interveniëren met als doel de patiënten ruimte te geven eerst op elkaar te reageren. Op deze manier komt er meer en meer een groepsproces op gang. In dit proces kunnen de groepsleden elkaar helpen de schema- en modustriggering in het contact te benoemen en hiermee anders te leren omgaan. De groepstherapeuten reageren wel wanneer er onveiligheid in de groep ontstaat en zullen waar nodig empathisch confronteren. In sessie 11 worden de uitkomsten van de vragenlijsten van de tussentijdse evaluatie besproken.

Daarnaast kan opnieuw de vragenlijst over het groepsklimaat door iedere deelnemer ingevuld worden. Het bespreken van de scores kan helpen om gezamenlijk het groepsproces te bespreken en de patiënten te laten formuleren wat zij in de komende sessies van de groep nodig hebben om bepaalde veranderingen in gang te zetten.

4.2.3 Afrondende fase: sessie 16–18

Patiënten kunnen door het naderende afscheid van de groep tijdelijk meer last krijgen van schema- en modustriggering. Het is belangrijk dat de groepstherapeuten dit uitleggen. Het naderend afscheid maakt ook dat patiënten stilstaan bij de wijze waarop de veranderingen die zij wel/niet hebben ondergaan van invloed zijn op hun naastbetrokkenen en hoe zij wel/niet mee veranderen. Psycho-educatie over het belang om de naastbetrokkenen te blijven betrekken bij de veranderingen, maar ook dat zij niet altijd in hetzelfde tempo hoeven mee te veranderen kan helpend zijn.

Ook staat afronding en afscheid van de groep centraal. Dit onderwerp wordt door de groepstherapeuten ingebracht; patiënten komen zelf vaak niet met dit thema. De groepstherapeuten nemen een actievere houding aan en zorgen ervoor dat processen minder openleggend zijn.

In de SCGT-g ligt de nadruk op het maken van een signaleringsplan, registreren van positieve veranderingen en flitskaartjes. In de SEPT-g wordt gewerkt aan het verder versterken van de Gezonde volwassene middels experiëntiële technieken om de eerder behaalde resultaten in schematherapie nog meer te bestendigen. Terugvalpreventie en het nemen van afscheid zij belangrijke aandachtspunten in deze fase.

4.2.4 Follow-upfase

In deze fase worden groepsprocessen niet besproken, en de groepstherapeuten hebben weer meer een actieve houding. Ze zijn gericht op toedekken van eventuele groepsprocessen in plaats van groepsprocessen verder open te leggen; de groep houdt immers op te bestaan.

In de follow-up leren de patiënten geen nieuwe technieken om de schema's en modi te veranderen. De voornaamste doelen zijn het bestendigen van de therapieresultaten en bespreken in hoeverre de patiënten bewust omgaan met datgene wat zij geleerd hebben.

4.3 Cotherapie

Wij menen dat bij het psychotherapeutisch werken met een groep mensen met persoonlijkheidsproblematiek de samenwerking van twee ervaren BIG-geregistreerde psychologen aan te raden is (zie ook Berk 2005). De overeenkomst in achtergrond vergemakkelijkt vaak de onderlinge communicatie. Het is bij deze patiëntengroep extra belangrijk dat je als collega's naast elkaar staat en 'een ouderpaar' vormt voor de groep. De overdracht die in het hier en nu van de groepstherapie storend is, bespreek je in het veilige groepsklimaat aan de hand van schema- en modustriggering. Het feit dat je als cotherapeuten een 'ouderpaar' vormt, betekent niet dat je het altijd met elkaar eens moet zijn. Integendeel, juist enige mate van verschil in kijk en therapeutische stijl is aan te bevelen, zolang er onderling goed kan worden afgestemd en tegenover de groep en de afzonderlijke groepsleden steeds één behandellijn wordt gevolgd. Een goed therapeutisch partnerschap is gebaseerd op voorafgaand overleg over wat er te doen staat in de groep, tussentijds overleg wanneer de groepsleden in subgroepjes een opdracht aan het uitwerken zijn, en reflectie na afloop van de groepssessie. Vaak is de drop-out bij een net gevormd therapeutenkoppel hoger dan wanneer het therapeutenpaar al langer samenwerkt en meer groepstherapieën samen heeft gegeven.

> **Schemagroep: CGT-technieken (SCGT-g)**
>
> Na een paar sessies merken de therapeuten van een groep in een van hun nagesprekken op dat ze zo vaak moe en soms met hoofdpijn de groep uitkomen. Wanneer ze bezien wat er gebeurt in de groep valt hun op hoe vaak de groepsleden achteroverzitten en de groepstherapeuten van alles moeten doen om de groep in beweging te houden. Wanneer ze dit vertellen aan de groep ontstaat er een gesprek over schemavermijding. De groep wordt actiever en de leden durven zelf ook in toenemende mate hun vermijdende gedrag te benoemen.

Een ander voordeel van cotherapie boven het alleen geven van een groepstherapie is dat cotherapeuten elkaar kunnen confronteren (idealiter zelfs in de groep) met elkaars interventie, terwijl een alleen opererende therapeut geen professioneel commentaar op zijn therapeutisch handelen krijgt en zo wellicht minder snel in de gaten heeft wat zijn blinde vlekken zijn. Cotherapeuten die zo'n goede relatie met elkaar hebben dat zij elkaar kunnen confronteren in de groep, kunnen een model vormen voor hoe patiënten met hun partners of andere intimi kunnen omgaan.

Daarnaast maakt cotherapie het ook veilig voor patiënten om boos te zijn op een van de therapeuten, terwijl de andere (ouder) als goed kan worden beleefd. Bij een goed cotherapeutenpaar kan de 'goede therapeut-ouder' deze tijdelijke splitsing in de beleving van de patiënt gebruiken om de patiënt te helpen om zijn of haar gevoelens te integreren en de andere 'therapeut-ouder' niet langer als alleen maar slecht te beleven. Hiermee kunnen patiënten met bijvoorbeeld het schema Emotionele verwaarlozing een corrigerende ervaring opdoen doordat de 'slechte therapeut-ouder' wel degelijk ervaren blijkt te kunnen worden als iemand die er voor hen wil zijn, alleen misschien op een andere, een eigen manier. Hierdoor worden patiënten in staat gesteld om ook milder te kijken naar anderen door wie ze zich (in het verleden) tekortgedaan hebben gevoeld.

De ideale situatie is dat de groepstherapeuten elke sessie als een therapeutenpaar in de groep aanwezig zijn; de dagelijks praktijk is echter anders. Een groepstherapeut is weleens ziek en/of afwezig. Belangrijk is dat de groepstherapeuten gezamenlijk een duidelijk beleid hebben over ziekte en/of afwezigheid van een groepstherapeut. Veel therapeuten vinden het lastig om de groepssessie te annuleren. Indien de sessie wel doorgaat, is het te overwegen de sessie in te korten, waarbij de aanwezige groepstherapeut het doel van de sessie moet bijstellen. Het benoemen van schema's en modi, het uitleggen van technieken om deze te veranderen, en interveniëren in het groepsproces is te veel voor één groepstherapeut. De aanwezige groepstherapeut kan hier in de groep open over zijn, waardoor groepsleden ook ervaren dat een 'therapeut-ouder' niet alles perfect kan. De groepstherapeut geeft zo een voorbeeld dat het normaal en gezond is ook rekening met jezelf en de situatie te houden. Voor patiënten kan dit een corrigerende ervaring zijn en mogelijk ook stimulerend werken op de internalisering van dit gedrag, waarmee zij hun Gezonde volwassene kunnen versterken.

4.4 Refamilying en limited reparenting in de groep

De belangrijkste kritiek van Young et al. (2003) op de cognitieve gedragstherapie bij persoonlijkheidsproblematiek van Beck is dat deze slechts in algemene termen het verschil beschrijft tussen het toepassen van CGT in de behandeling van persoonlijkheidsproblematiek versus hoe de CGT-technieken gebruikt worden in de behandeling van As I-problematiek. Beck et al. (2004) staan in de tweede editie van het handboek *Cognitive therapy of personality disorders* (cognitieve therapie voor persoonlijkheidsstoornissen) iets meer stil bij het belang van de werkrelatie in de behandeling van patiënten met persoonlijkheidsproblematiek.

In het SCGT- en SEPT-protocol wordt in navolging van Young et al. (2003) veel aandacht besteed aan hoe schema's en modi geactiveerd worden en leiden tot gedrag in de therapiesessie in relatie tot medepatiënten of therapeuten. De groepstherapeuten en de groepsleden zijn bij wijze van spreken een 'gezin'. De groepstherapeuten zorgen als ouderpaar voor respect, veiligheid, warmte en empatische confrontatie. Dit wordt *'limited reparenting'* genoemd. Veel patiënten hebben deze warme houding en veiligheid in het verleden gemist. Zij hebben vaak niet geleerd om te verwoorden wat er in hun emotionele binnenwereld gebeurt. De 'therapeut-ouders' bevorderen het mentaliserend vermogen van patiënten door te zorgen dat er expliciet wordt stilgestaan bij wat het is dat de andere persoon doet waardoor schema's en modi worden getriggerd en helpen emoties, gedachten, gemoedstoestanden en gevoelige snaren te verwoorden. Er wordt ook aandacht besteed aan de vraag of het door het schema gekleurde beeld van de ander overeenkomt met hoe die dat zelf bedoeld heeft. Dit wordt in verband gebracht met herhalingspatronen en indien mogelijk ook met het verleden. De patiënten worden uitgenodigd vraagtekens te plaatsen bij de functionaliteit in het heden. Indien het om een interactie gaat tussen medepatiënten letten de therapeuten erop dat met respect voor elkaars grenzen en elkaars schema's/schemagedrag en modi over de interactie wordt gesproken. Er vindt *refamilying* plaats. Zo nodig nemen de therapeuten het over door de interactie naar zichzelf toe te trekken en te bespreken wat zij merken in de interactie met de patiënt(en). Hierbij wordt uitgegaan van *limited reparenting* door de therapeuten, die binnen de grenzen van de therapie zorgen voor een correctieve emotionele ervaring bij de patiënt of de patiënten. Als 'goede ouders' zijn zij het model voor de rest van het 'groepsgezin' van hoe je op een respectvolle manier met elkaar omgaat. Empathische confrontatie door de medegroepsleden en therapeuten staat hierbij voorop, omdat wij net als Young et al. (2003) denken dat schema's zó zijn ingebed dat zij voor de patiënt niet altijd snel zichtbaar zijn, laat staan dat de patiënt in staat is zelfstandig te ontdekken wat er in het contact gebeurt.

Voor de schemagroepstherapie is er een vragenlijst ontwikkeld die de concepten refamilying en limited reparenting meet (LRRQ; Vreeswijk van et al. 2015; zie bijlage 5). Voor de individuele schematherapie is zo'n lijst nog niet ontwikkeld. Wel zijn er verschillende werkalliantievragenlijsten in het publieke domein op internet te vinden die in het geval van individuele schematherapie gebruikt zouden kunnen worden. Het meetbaar maken van limited reparenting en refamilying en het bespreken ervan in de schematherapie maakt het concept voor patiënten sneller en meer tastbaar. De therapeuten krijgen ook meer en sneller zicht op wat patiënten in de relatie beleven en kunnen daar nog gerichter op inspelen.

> **Schemagroep: CGT-technieken (SCGT-g)**
>
> Wanneer een mannelijke groepstherapeut een patiënte onderbreekt en zegt dat het bijna tijd is om af te ronden, voelt hij hoe de spanning in de groep toeneemt als hij door de patiënte vijandig wordt aangekeken. De volgende sessie vraagt de patiënte aan de therapeut waarom hij haar onderbrak. Wanneer op empathische wijze aan de patiënte wordt gevraagd hoe zij de onderbreking heeft ervaren, komt het schema Emotionele verwaarlozing naar voren. De vader van de patiënte luisterde vroeger nooit naar haar, en later hadden ook verschillende partners de neiging om hun eigen gang te gaan. Met de patiënte wordt besproken hoe de therapeut de begrenzing in de tijd gebruikt om de veiligheid van de groepstherapie te bewaken zonder de bedoeling te hebben de patiënte tekort te doen. De patiënte pakt dit op en is gaandeweg steeds beter in staat om haar Emotionele verwaarlozing te benoemen wanneer het getriggerd wordt in en buiten de groepstherapie; zij kan meer haar Kwetsbare modus laten zien.

In het ideale geval voldoen de schematherapeuten aan het model van de goede ouder door te zorgen voor een therapeutisch groepsklimaat waarin plaats is voor: (1) een veilige hechting, (2) autonomie en competentie, (3) oprechte uiting van behoeften en emoties, (4) spontaniteit en speelsheid, en (5) realistische grenzen (Young et al. 2003).

Young et al. (2003, pag. 203–204) geven ook aan hoe de schematherapeut kan reageren op het moment dat één specifiek schema getriggerd wordt. Omdat in (groeps)therapie vaak meerdere schema's tegelijk of kort achter elkaar worden getriggerd, is het niet altijd mogelijk en wenselijk om op elke schematriggering te reageren.

Onderzoeksbevindingen

Goed opgezet gerandomiseerd en gecontroleerd onderzoek naar de effectiviteit van de behandeling van persoonlijkheidsproblematiek is schaars en over het algemeen oud. Wellicht heeft dat voor een deel te maken met de vrij veelvoorkomende mening dat persoonlijkheidsproblematiek niet te behandelen is. Uit de meta-analyse van Leichsenring en Leibing (2003) blijkt echter dat die mening niet juist is. Zij vonden uit de periode 1974-2001 veertien studies die de effectiviteit van psychodynamische therapie onderzochten, elf studies die de effectiviteit van cognitieve gedragstherapie onderzochten en twee studies die de effectiviteit van cognitieve gedragstherapie en psychodynamische therapie tezamen onderzochten. Er worden forse effecten gevonden voor zowel psychodynamische therapieën als cognitieve gedragstherapieën. De auteurs concluderen dat zowel psychodynamische therapie als cognitieve gedragstherapie een voldoende effectieve behandeling is van persoonlijkheidsproblematiek. Wel merken zij terecht op dat hun conclusies zijn gebaseerd op een relatief klein aantal studies en dat follow-up langduriger zou moeten zijn. Daarnaast dient ook opgemerkt te worden dat slechts iets minder dan de helft van de studies die in deze meta-analyse zijn onderzocht een gerandomiseerde onderzoeksopzet had. De overige studies hadden een naturalistisch beloop. Svartberg et al. (2004) vinden in hun gerandomiseerde, gecontroleerde en longitudinale onderzoek dat zowel kortdurende psychodynamische psychotherapie als kortdurende cognitieve gedragstherapie een effectieve behandeling is van persoonlijkheidsproblematiek. Het herstel van de patiënten zette zich verder voort na afloop van hun behandeling. Twee jaar na behandeling was veertig procent van de patiënten in beide behandelcondities hersteld wat betreft interpersoonlijk functioneren en persoonlijkheidsproblemen. Interessant aan deze studie is ook dat de therapeuten van de cognitief gedragstherapeutische behandelconditie supervisie kregen van onder anderen Young. De cognitieve gedragstherapieconditie richtte zich onder meer op het herstructureren van schema's. Hoewel niet expliciet vermeld, is dit tot op heden een van de weinige gepubliceerde artikelen waarin verandering in schema's wordt aangetoond. Er is nog een artikel over een *single case series* van Nordahl en Nysaeter (2005) bijgekomen. De auteurs onderzochten bij zes patiënten met een borderlinepersoonlijkheidsstoornis wat het effect was van schematherapie. De gemeten effecten waren groot. Vijf van de zes patiënten waren significant opgeknapt op zowel schema's als psychische klachten. Drie van de zes patiënten voldeden bij een follow-up na twaalf tot zestien maanden niet langer aan de criteria voor borderlinepersoonlijkheidsstoornis.

Het aantal wetenschappelijke publicaties over schematherapie groeit (zie voor een overzicht deel 5 in Vreeswijk van et al. 2008, en deel VI in Vreeswijk van et al. 2012). Naast de rapportage over succesvolle resultaten in met name studies die individuele schematherapie op effectiviteit of effect onderzochten (zie ook de review van Jacob en Arntz 2013) is er ook een artikel verschenen over een kleine *randomised controlled trial* van behandeling die veel weg heeft van schemagroepstherapie voor patiënten met een borderlinepersoonlijkheidsstoornis (Farrell et al. 2009). De twee genoemde studies laten zien dat schematherapie (kosten) effectiever is dan een controleconditie. Er is in de schematherapieconditie een lagere drop-out en er is een grotere tevredenheid van patiënten en therapeuten over de onderlinge werkrelatie.

Naar aanleiding van het onderzoek van Farrell en anderen (2009) vindt er een internationale *multicentre* gerandomiseerde studie plaats, waarin schemagroepstherapie wordt vergeleken met *treatment as usual*. Daarbij wordt in de schematherapieconditie ook onderzocht of groepstherapie gecombineerd met individuele therapie effectiever is dan alleen groepstherapie. Naast deze RCT is er een groeiend aantal (*open label trial*) studies naar verschillende vormen van (kortdurende) schemagroepstherapie voor andere As II- en As I-klachten (Hoffart et al. 2002; Zorn et al. 2007; Simpson et al. 2010; Vreeswijk van et al. 2012; Skewes et al. 2015), voor jongvolwassenen (Renner et al. 2013) en ouderen (Videler et al. 2014). De resultaten van deze onderzoeken laten zien dat schemagroepstherapie veelbelovend is voor verschillende stoornissen en andere doelgroepen.

Behandelrationale

© Bohn Stafleu van Loghum, onderdeel van Springer Media BV 2017
M. van Vreeswijk, J. Broersen, *Handleiding kortdurende schematherapie*,
DOI 10.1007/978-90-368-1547-5_6

De twee protocollen die in dit boek worden beschreven bestaan beide uit achttien (groeps)sessies en twee follow-upsessies. Deze protocollen kunnen individueel worden gegeven of in een groep. Een individuele sessie duurt 45 minuten en een groepssessie anderhalf uur. De therapiegroep bestaat uit mannen en vrouwen en telt acht tot tien groepsleden. De groepsleden variëren in leeftijd van 25 tot en met 65 jaar. De keuze voor bovengenoemd aantal sessies geeft meer ruimte voor interactie tussen de groepsleden, waarbij de rol van elkaars schema's/schemagedrag kan worden besproken.

Om de effectiviteit van de interventies te vergroten is ervoor gekozen de patiënt te laten focussen op de drie hoogst scorende schema's en modi zoals gemeten met de schemavragenlijst (YSQ: Young en Brown 2003; Sterk en Rijkeboer 1997; Rijkeboer 2005; Rijkeboer et al. 2004; Rijkeboer en Bergh van den 2006) en modivragenlijst (SMI-1: Young et al. 2007). Voor het vaststellen van de relevante schema's kan een experiëntiële techniek zoals diagnostisch imaginatie een hulpmiddel zijn (Weertman 2008, 2012). Het is mogelijk om bij de tussentijdse evaluatie (sessie 11) in een enkel geval in overleg met de patiënt een vierde schema en/of modus toe te voegen. Kiezen voor slechts drie prominente schema's en modi betekent overigens niet dat de andere schema's en modi waar de patiënt eventueel last van heeft als onbelangrijk worden gezien. De beperking van de focus is een keuze om de overzichtelijkheid voor patiënt en behandelaar te garanderen, waardoor het oefenen met het veranderen van de schema's en modi gemakkelijker wordt en schemaoverlevingsstrategieën zoals schemavermijding, -overcompensatie, -overgave eerder zichtbaar worden en dus gemakkelijker aan te pakken zijn.

In de eerste drie sessies staan kennismaking en psycho-educatie ten aanzien van schema's, modi en schemaoverlevingsstrategieën centraal. Bij het SCGT-protocol staat in sessie 4 tot en met 10 het aanleren van schema-uitdagingstechnieken centraal. Bij het SEPT wordt in deze fase vooral gewerkt met imaginatieoefeningen en historisch rollenspel. In sessie 11 is er een tussentijdse evaluatie, ondersteund door objectieve gegevens op grond van vragenlijsten. In sessie 12 tot en met 18 wordt er in de SCGT gewerkt aan het maken van een EHBO-koffer gericht op schematriggering in de toekomst en wordt er veel bij het sociale netwerk stilgestaan. In de SEPT wordt in deze sessies gewerkt met de meerstoelentechniek en staat ook het contact met de naastbetrokkenen centraal. In follow-upsessie 19, een maand na sessie 18, en in sessie 20, twee maanden nadien, wordt samen met de patiënt – onder andere naar aanleiding van de opnieuw ingevulde vragenlijsten – gekeken hoe hij met zijn schema's en modi is omgegaan. Zo nodig wordt ook een vervolgbehandeling overwogen.

Binnen het protocol wordt zowel in de diagnostiek, de behandelfase, als de evaluatiemomenten transparant gewerkt doordat de behandelaar laat zien wat hij doet en hoe hij het doet. Het afnemen van vragenlijsten, het bespreken van de uitkomsten, maar ook het meegeven van het onderzoeksrapport zijn voorbeelden van transparantie in het diagnostische en evaluatieproces. Het werken met een werkboek biedt patiënten inzicht in de technieken die zij en hun behandelaren kunnen toepassen bij het gezamenlijk bevechten van de diepverankerde schema's die patiënten met persoonlijkheidsproblematiek over zichzelf, de ander en de wereld om hen heen hebben ontwikkeld. Het transparant werken vermindert de kans op interpersoonlijke strijd tussen behandelaren en patiënten, die nogal eens dreigt in de (behandel)relaties met deze groep patiënten.

Daarnaast wordt de behandelaren aangeraden om de groepstherapiesessies op dvd op te nemen. Aan patiënten die een sessie missen wordt gevraagd om deze dvd voorafgaand aan de eerstvolgende sessie te komen bekijken op de werkplek van de therapeut (in verband met privacy van medegroepsleden kan de opname niet thuis worden bekeken). Niet alleen wordt zo een negatieve consequentie verbonden aan het missen van een groepssessie, iets wat regelmatig voorkomt bij mensen met persoonlijkheidsproblematiek, nog belangrijker is dat het de patiënt helpt om een band met de groep te behouden: hij weet waar het in zijn afwezigheid over gegaan is. De patiënt voelt zich zo minder snel een buitenstaander wanneer in de sessie wordt gerefereerd aan de vorige keer en daarnaast weet hij of er wel of niet over hem gesproken is en zo ja, hoe. Ook kan aan patiënten die de sessie hebben bijgewoond, aangeraden worden om de sessie nog een keer terug te zien op dvd. Er kan gedacht worden aan patiënten die tijdens de groepssessie in de modus van Onthechte beschermer of het Woedende kind hebben gezeten. Door te kijken hoe ze erbij zitten en wat ze wel of niet doen, leren patiënten nog meer over zichzelf en het contact met anderen. Tevens kan het dvd-materiaal door de therapeuten gebruikt worden om samen met de groep nog een keer over de groepsinteractie te reflecteren. De therapeuten kunnen het dvd-materiaal ook voor eigen lering gebruiken in intervisie/supervisie, wat de kwaliteit van de behandeling verhoogt. Ook voor individuele schematherapie kan ervoor gekozen worden om een dvd-opname te maken. Bij een dvd-opname van een therapiesessie is het van belang te letten op de privacy. Sta stil waar de patiënt deze opname gaat bekijken. Bespreek wat de voor- en nadelen kunnen zijn van het mee naar huis nemen versus alleen bij de therapeut terugkijken.

Tot slot nog een opmerking over het SCGT-protocol. Hoewel het accent ligt op de cognitief gedragstherpautische technieken heeft dit protocol ook een ervarinsgerichte/experiëntiële kant. In het tweede gedeelte van dit protocol wordt veel gewerkt met rollenspellen waarin een patiënt bloot wordt gesteld aan emoties en uit de comfortzone stap in geval hij tegengif geeft aan zijn schema's. Het accent in deze rollenspellen ligt op het gevoel en emotionele binnenwereld in contact met anderen en is niet zoals soms wordt gedacht een sociale vaardigheidstraining.

(Contra-)indicaties

© Bohn Stafleu van Loghum, onderdeel van Springer Media BV 2017
M. van Vreeswijk, J. Broersen, *Handleiding kortdurende schematherapie*,
DOI 10.1007/978-90-368-1547-5_7

Beide protocollen zijn bedoeld voor patiënten die last hebben van persoonlijkheidsproblematiek en dientengevolge worstelen met hun schema's en modi. De protocollen zijn op een brede patiëntengroep van toepassing en beperken zich niet uitsluitend tot patiënten met een persoonlijkheidsstoornis zoals gedefinieerd in de DSM-IV (APA 1994), maar passen meer bij de richting die voorzichtig wordt opgegaan in de DSM-5 (2013).

In de dagelijkse praktijk is het vaak een vraag wanneer het protocol SCGT of SEPT is geïndiceerd. Daar is geen wetenschappelijk antwoord op. Het is de ervaring en kennis van de therapeut en het behandelteam om te beoordelen of SCGT of SEPT meer geïndiceerd is. Als vuistregel kan gehanteerd worden dat SCGT als eerste protocol kan worden ingezet bij patiënten die snel emotioneel overspoelt en/of ontregeld raken. Dit protocol kan een eerste stap zijn voor de mensen die eerst een meer cognitief kader nodig hebben om op een gedoseerde manier hun emotionele binnenwereld te begrijpen en anders te angstig worden en uit therapie wegblijven. Voor de groep patiënten die in aanleg minder sociale olie hebben en minder het vermogen hebben contact te maken met het gevoelsleven kan SCGT-protocol een overweging zijn. Een kortdurende SCGT zou voor deze groep veel meer op gedragsinstructies gericht kunnen zijn en niet op verandering in het gevoelsleven. Een andere vuistregel die kan helpen om een gerichte keuze aan patiënt te kunnen voorleggen is te kijken naar de verhouding tussen de schema- en modivragenlijsten. Patiënten die gemiddeld genomen hoger scoren op de schemavragenlijst herkennen zich makkelijker in schema's en ervaren het SCGT-protocol als toegankelijker, terwijl patiënten die gemiddeld genomen hoger scoren op de modivragenlijst de SEPT-module als toegankelijker ervaren.

Algemeen geldt voor de inclusie in de protocollen dat minimaal een van de negentien door Young gedefinieerde schema's een gemiddelde score van 2,5 of hoger moet hebben op de schemavragenlijst (YSQ: Sterk en Rijkeboer 1997; Rijkeboer 2005; Rijkeboer et al. 2004; Rijkeboer en Bergh van den 2006). Voor een gemiddelde score van 2,5 of hoger op minimaal een van de schema's is gekozen om herkenning en last van het schema bij de patiënt in de therapie optimaal te kunnen gebruiken voor verandering. Naarmate de gemiddelde schemascore hoger ligt, zal patiënt er meer last van hebben en dit ook meer erkennen. Ditzelfde geldt voor het gebruik van de schemamodusvragenlijst (SMI: Young et al. 2007; Lobbestael et al. 2010). De keuze voor het gebruik van gemiddelden van schema's, maar ook gemiddelden van modi, en in eerste instantie niet de 5/6-en-scoringsmethode zoals voorgesteld door Young (2003) heeft te maken met het feit dat veel patiënten in Nederland weinig 5/6-en geven aan de items, maar toch zeer hoog kunnen scoren op een schema doordat ze veel 3/4-en scoren. Daarnaast zou het kiezen voor schema's en modi op basis van de 5/6-en-methode betekenen dat niet alle items van een schaal worden meegenomen hetgeen testtheoretisch niet verantwoord is. Voor zowel de YSQ als de SMI-1 zijn per schaal gemiddelden bekend voor de normgroepen gezonden en psychiatrische patiënten (zie bijvoorbeeld Rijkeboer 2005; Lobbestael et al. 2010).

Patiënten met een lage score op de schema- en modivragenlijsten hebben vaak minder inzicht in hun problematiek of vinden het ingewikkeld om zich kwetsbaar op te stellen. Voor deze patiënten is mogelijk een langer voortraject nodig. Gedacht kan worden aan 5–10 sessies gericht op schrijven van het levensverhaal eventueel ondersteund met foto's op basis waarvan een casusconceptualisatie wordt gemaakt en een voor- en nadelenanalyse gedaan kan worden ten aanzien van het werken aan de schema's en modi. Hierbij kan worden besproken wat patiënten uit eerdere therapie wel of niet hebben gehaald en hoe dit gebeurd is. Het onregelmatig verschijnen op afspraken of drop out in eerdere therapieën kan worden uitgewerkt zodat de kans op blijvende herhaling en dientengevolge een nieuw therapiefalen kan worden verkleind. Het in kaart brengen van de probleemgebieden, bijbehorende valkuilen, behoeften van patiënt, de therapeutische stijl en het concept van limited reparenting vergroot de kans dat de patiënt de schematherapie wil aanpakken en wil blijven volhouden.

Voor de contra-indicaties geldt dat bij patiënten bij wie ernstige suïcidaliteit, automutilatie, agressiedoorbraken of sociaal maatschappelijke problemen op de *voorgrond* staan deze eerst behandeld dienen te worden alvorens ze deel kunnen nemen aan een van beide protocollen. In een aantal gevallen volstaat de interventie met het opstellen van een crisisplan. In andere gevallen is het nodig om een patiënt eerst een Linehantraining of Vaardigheidstraining Emotionele Regulatiestoornis (VERS) te laten doorlopen, systemisch te interveniëren of sociaal maatschappelijke interventies toe te passen. Overwogen kan worden om patiënten eerst een module schema-MBCT (Vreeswijk van et al. 2009) aan te bieden.

Schemagroep: experiëntiële technieken (SEPT-g)

Een patiënte die wordt aangemeld voor SEPT in groepsverband snijdt zich regelmatig. Er wordt een crisisplan opgesteld. Tijdens de groepstherapie ontdekt de patiënte dat zij zich vaak schaamt (schema Minderwaardigheid/schaamte) als ze iets aan de groepsleden vertelt en dan in de modus van de Straffende ouder terechtkomt. Zij ontdekt dat het momenten zijn waarop ze zichzelf gaat snijden. Door de steunende en uitnodigende reacties van de medegroepsleden ontdekt de patiënte dat zij wel degelijk belangrijk is voor andere mensen. Als gevolg hiervan gaat ze zich meer vanuit de Gezonde volwassene gedragen en vraagt ze steeds vaker op een adequate manier om hulp. De relatie met haar vriend en met anderen verbetert hierdoor aanzienlijk.

Individuele schematherapie: CGT-technieken (SCGT)

Een 49-jarige vrouw die last heeft van oplopende spanningen en periodes diverse middelen misbruikt wordt aangemeld door collega's van de verslavingszorg. De patiënte wil graag anders omgaan met haar spanningen en haar onderliggende gevoelige snaren. Na terugkoppeling van de schemavragenlijsten is er zeker indicatie voor individuele SCGT, echter er wordt getwijfeld of zij nu in haar leven voldoende tijd kan maken voor therapie. Stressvolle omstandigheden in haar thuissituatie hebben ervoor gezorgd dat zij meerdere keren onderzoeksgesprekken voor schematherapie heeft moeten afzeggen. Besproken is dat haar schema's zelfopoffering en Gebrek aan zelfcontrole ervoor zorgen dat er te snel impulsieve besluiten worden genomen en zij weinig stilstaat bij haar overbelasting. Eerst volgen extra motiveringsgesprekken voordat er definitief een keuze gemaakt wordt voor individuele schematherapie.

Andere contra-indicaties zijn ernstige verslavingsproblematiek en zwakbegaafdheid. Voor de groepstherapie dient ook rekening te worden gehouden met de contra-indicaties stotteren, slechthorendheid/doofheid en onvermogen om een werkrelatie met therapeuten en medepatiënten aan te gaan. De laatste contra-indicatie is in de individuele therapievorm mogelijk wat te ondervangen, omdat het een-op-een-contact minder diversiteit in interpersoonlijke relaties kent en daardoor voorspelbaarder is voor patiënt en therapeut.

Er zijn geen bezwaren om tijdens deze protocollen medicijnen voor te schrijven aan een patiënt. Sterker nog: antidepressiva en in enkele gevallen ook antipsychotica kunnen een zeer waardevolle bijdrage leveren aan de behandeling van patiënten met persoonlijkheidsproblematiek. De medicamenteuze behandeling van angst- en depressieklachten en cognitieve verwarring/micropsychosen kunnen de patiënt helpen om meer open te staan voor het aanpakken van de schema's en modi.

Behandelprotocol SCGT

8.1 Inleiding – 38

8.2 Diagnostiek en effectmetingen – 38

8.3 Draaiboek behandelsessies – 39
8.3.1 Adviesgesprek (1 à 3 gesprekken) – 39
8.3.2 Behandelsessies – 42

Therapiefase 1 (sessie 1–3) – 43
Sessie 1 – 43
Sessie 2 – 45
Sessie 3 – 46

Therapiefase 2 (sessie 4–15) – 47
Sessie 4 – 47
Sessie 5 – 49
Sessie 6 – 50
Sessie 7 – 51
Sessie 8 – 52
Sessie 9 – 53
Sessie 10 – 54
Sessie 11 – 55
Sessie 12 – 56
Sessie 13 – 58
Sessie 14 – 59
Sessie 15 – 60

Therapiefase 3 (sessie 16–18) – 61
Sessie 16 – 61
Sessie 17 – 62
Sessie 18 – 63

Follow-upfase – 64
Follow-upsessie 1 – 64
Follow-upsessie 2 – 65

© Bohn Stafleu van Loghum, onderdeel van Springer Media BV 2017
M. van Vreeswijk, J. Broersen, *Handleiding kortdurende schematherapie*,
DOI 10.1007/978-90-368-1547-5_8

8.1 Inleiding

Het SCGT-protocol beschrijft een kortdurende schematherapie van achttien sessies met twee follow-upsessies. Een frequentie van één keer per week is het gangbaarst. De eerste follow-up vindt een maand na sessie achttien plaats en de tweede follow-up twee maanden nadien. De groepssessies duren anderhalf uur. De individuele behandeling duurt 45 minuten per sessie. Bij dit protocol hoort een specifiek werkboek voor patiënten: *Werkboek kortdurende schematherapie: CGT-technieken*. Aan de hand van een werkboek leert de patiënt zijn schema's en modi te herkennen in zijn dagelijks leven en de impact van de schema's en modi op het functioneren in het dagelijks leven te verkleinen. Er wordt voor gekozen om de drie hoogst scorende schema's en modi als focus voor behandeling te nemen.

De huiswerkformulieren behorend bij het werkboek zijn te downloaden via extras.springer.com.

8.2 Diagnostiek en effectmetingen

Naast biografische informatie van de patiënt is ook een gestructureerde diagnostiek belangrijk. Ten behoeve van deze diagnostiek, maar ook van de effectmetingen worden zowel de Symptom Checklist (SCL-90: Arrindell en Ettema 1986) als de schemavragenlijst (YSQ: Sterk en Rijkeboer 1997; Rijkeboer 2005; Rijkeboer et al. 2004, Rijkeboer en Bergh 2006) en de Schema Mode Inventory (SMI-1: Young et al. 2007) afgenomen. Aanvullend daarop gebruiken wij een door ons ontwikkelde korte screeningslijst om de drie schemacopingstijlen in kaart te brengen (zie bijlage 2). Daarnaast heeft het de voorkeur om voor de start van de therapie ook een persoonlijkheidsvragenlijst af te nemen.

Een en ander verwerkt de therapeut in een verslag (zie bijlage 3), waarvan de patiënt een kopie mee naar huis krijgt. Deze werkwijze zorgt niet alleen voor transparantie, maar draagt tevens bij aan het verhogen van een gedeelde theorie over de klachten van de patiënt en de verandering in klachten. Ook heeft het als voordeel dat patiënten de uitkomsten van het onderzoek nog een keer kunnen nalezen, wat vaak hard nodig is bij patiënten die door hun problematiek vaak moeite hebben met het vasthouden en integreren van informatie.

Behalve voor aanvang van de therapie worden de SCL-90 (alternatief is de BSI; Beurs de 2008), YSQ en SMI-1 ook na de tiende sessie afgenomen en een maand na de eerste follow-up. De resultaten van de tussentijdse evaluatie en de eindevaluatie worden weer in een verslag gezet (zie bijlage 3).

Gekeken wordt of de ernstscores gelijk blijven, afnemen of toenemen. Wanneer de vragenlijsten ingebouwd zijn in een ROM-systeem kan dit ook grafisch worden weergegeven en is het mogelijk om te kijken of de verandering klinisch significant is. Als de behandelaar niet de beschikking heeft over zo'n geavanceerd systeem, dan voldoet een klinische indruk en een bespreking met de patiënt ook zeer goed. Indien er sprake is van een 'negatieve' verandering hoeft dit niet altijd een negatief behandelresultaat te zijn. Menig keer komt het voor dat een behandelaar op basis van de toename in ernstscores even twijfelt over het behandelresultaat, terwijl de patiënt in de bespreking zelf aangeeft wel verandering te ervaren. Het is dan ook belangrijk om dit met de patiënt op empathische wijze te bespreken, zeker omdat sommige patiënten van zichzelf eisen dat er vooruitgang moet zijn en niet weten dat zij mogen accepteren dat daar soms eerst een toename van de ernst van schema's en modi voor nodig is, of dat niet durven.

> Een patiënte klaagt van het begin af aan geen veranderingen te ervaren. Op haar flip-over geeft ze iedere keer aan dat ze in ernstige mate last heeft van haar schema's. Bij de tussentijdse evaluatie blijkt uit haar scores op de vragenlijsten dat ze op veel schema's en modi behoorlijk veranderd is. Wanneer de uitkomsten met haar besproken worden, komt naar voren dat zij eigenlijk bang is om te veranderen (schema Mislukking). Andere patiënten herkennen dit. Er ontstaat in de groep een gesprek over gezond worden en de consequenties ervan. Patiënte voelt zich gesteund in haar gevoelens en de volgende groepstherapiesessies durft ze in toenemende mate en met steeds meer plezier te laten zien wat ze allemaal bereikt als Gezonde volwassene en als Blij kind.

Schemavermijding, schema-overcompensatie en schema-overgave kunnen op empathische wijze besproken worden, waarbij de patiënt wordt uitgenodigd om mee te denken over manieren waarop het schemagedrag gemakkelijker losgelaten kan worden. Het is de bedoeling dat de patiënt over de drempel van verandering durft heen te stappen. Overigens kan het voorkomen dat het gevoel van de patiënt over de mate van verandering lager ligt dan de geobjectiveerde verandering (bijvoorbeeld als gevolg van het schema Meedogenloze normen/overdreven kritisch). In die gevallen verdient het extra aanbeveling om samen met de patiënt de concrete punten van verandering door te spreken en er daarbij op te letten niet mee te gaan in de mogelijke activering van het schema Meedogenloze normen/overdreven kritisch. Vaak neemt het gevoel van verandering toe wanneer de patiënt zich meer bewust wordt (gemaakt) van de concrete verandering die hij in zijn dagelijks leven heeft doorgevoerd en de mate waarin de schema's op de achtergrond zijn komen te staan.

8.3 Draaiboek behandelsessies

In het draaiboek wordt nauwkeurig uiteengezet wat in elke sessie van een behandeling aan bod komt. Hier wordt kort het adviesgesprek beschreven. Daarna worden de sessies en de follow-upsessies een voor een besproken.

8.3.1 Adviesgesprek (1 à 3 gesprekken)

Voorafgaand aan het adviesgesprek ontvangt de patiënt de vragenlijsten en een folder met uitleg over kortdurende schematherapie (bijlage 1). De patiënt wordt verzocht om als onderdeel van het diagnostisch proces de vragenlijsten vóór het adviesgesprek ingevuld in te leveren, zodat de uitkomsten in het adviesgesprek besproken kunnen worden. Bij niet (op tijd) inleveren van de vragenlijsten wordt met de patiënt gekeken naar mogelijke redenen en wordt het belang van het invullen van de vragenlijsten onderstreept. Er wordt een nieuwe afspraak gemaakt waarbij nadrukkelijk de voorwaarde wordt gesteld dat de ingevulde vragenlijsten ruim op tijd voor de afspraak binnen zijn (een inleverdatum afspreken verhoogt de kans op het op tijd aanleveren).

In een à drie adviesgesprekken worden de uitkomsten van de vragenlijsten besproken. Wij raden aan de uitkomsten op een flip-over of een whiteboard te schrijven. Aan de patiënt wordt gevraagd in hoeverre hij de resultaten herkent. Zo mogelijk worden ook verbindingen gelegd tussen de uitkomsten van de vragenlijsten en de uitkomsten uit de intake of uit het (oude) dossier. Soms kunnen patiënten ook al zelf verbindingen leggen tussen hun schema's/modi en gebeurtenissen uit het dagelijks leven. Met de patiënt worden de drie schema's en drie modi besproken die de focus van de behandeling vormen. Gekeken wordt hoe deze schema's en modi de therapie en de werkrelatie kunnen beïnvloeden. Dit is een moment waarop de therapeut (voorzichtig) aankaart of de patiënt aanspreekbaar is op het gedrag dat voortkomt uit de modi. In deze fase is het advies een naastbetrokkene van patiënt uit te nodigen. De naastbetrokkene(n) hebben vaak zorgen en worstelen met de schema's en modi van de patiënt. Het is zinvol om hierbij stil te staan en de verwachtingen van therapie met elkaar te bespreken. Vervolgens wordt de behandelwijze verder doorgenomen (zie kader).

> **Doornemen behandelwijze met de patiënt**
> 'De totale behandeling bestaat uit achttien sessies en twee follow-upsessies. De eerste follow-upsessie vindt een maand na sessie achttien plaats en de tweede twee maanden nadien. In deze follow-upsessies staat de evaluatie centraal: Waar ben je tegenaan gelopen? Hoe heb je het aangepakt? Welke technieken heb je gebruikt of kun je gebruiken?
> Aan de hand van de zojuist besproken drie schema's en drie modi zul je met behulp van een werkboek leren om de 'triggering' van je schema's en modi te herkennen. Je zult leren om meer greep op deze schema- en modi-activering te krijgen. Je zult meer controle krijgen over je gevoelige snaren. Daarnaast leer je een EHBO-koffer te maken waarmee je in de toekomst beter in staat zult zijn om niet in je valkuilen te stappen of als dat toch een keer gebeurt, er eerder uit te komen. Het is de bedoeling dat je zowel binnen als buiten de therapie actief bezig bent met het aanpakken van de schema's en modi waar je last van hebt. Schema- en modiverandering gaat niet vanzelf, het kost inzet en tijd. Om je hierbij te helpen staat er in het werkboek huiswerk. Het is belangrijk om dit iedere week te maken. Wat ook helpt is om per keer een samenvatting te maken van de sessie. In het werkboek vind je voor elke sessie een huiswerkblad voor het maken van een samenvatting.
> We streven ernaar dat je aan het einde van deze therapie aanzienlijk minder last hebt van je schema's en modi. Vaak kan aan het einde van de therapie de behandeling hier worden afgesloten. In enkele gevallen is meer nodig. Om te kijken in welke mate je schema's en modi veranderen zullen we na sessie tien en na de eerste follow-up nog een keer de vragenlijsten afnemen die je nu aan het begin van deze therapie hebt ingevuld. De uitkomsten zullen steeds met je besproken worden en een kopie van het verslag van de uitkomsten krijg je mee. Realiseer je dat je altijd wel een keer tegen je schema's en modi zult aanlopen. Ook na de therapie. Dat is normaal. Iedereen heeft schema's en modi; het gaat er alleen om hoezeer je er last van hebt. Zeker wanneer je last hebt van het schema Meedogenloze normen/overdreven kritisch is het moeilijk om dit te kunnen accepteren. Houd hier dus rekening mee. Voor dit moment wil ik je vragen om het verslag met de uitkomsten van het onderzoek mee te nemen en thuis nog eens rustig te lezen. Mocht je nog vragen hebben dan kun je die in de volgende sessie stellen.'

Over schematherapie in de groep wordt uitgelegd dat *groeps*therapie het voordeel heeft dat je als gelijken onder elkaar werkt aan het aanpakken van de schema's en modi. Hoewel niet iedereen dezelfde schema's en modi heeft, zullen patiënten veel van elkaar herkennen. De gedachte van veel patiënten dat ze de enigen zijn die last hebben van schema's en modi wordt uitgedaagd door met elkaar te praten over waar je herhaaldelijk tegenaan loopt. De groepstherapie biedt de mogelijkheid om van elkaar te leren. Omdat er verschillende typen mensen in de groep zitten, kan er meteen al geoefend worden met het op een adequate wijze omgaan met schema's en modi. De kans is reëel dat tijdens de groepstherapie een schema en bijbehorende modus getriggerd wordt. Door de veiligheid van het groepsklimaat, bewaakt door de groepstherapeuten, kan in de groep geoefend worden met nieuw gedrag. Emoties kunnen gedeeld worden en patiënten kunnen oefenen met elkaar te leren vertrouwen en zich te hechten (refamilying). Aan patiënten wordt verteld dat het normaal is om groepstherapie 'eng' te vinden, maar dat deze angst gaandeweg minder zal worden naarmate de groepsleden elkaar beter leren kennen. Naast groepsdynamisch werken wordt er met name in het begin ook in kleinere subgroepen gewerkt, wat ervoor zorgt dat de leden elkaar nog sneller leren kennen.

Het kan nodig zijn een tweede en/of derde adviesgesprek in te plannen wanneer bij de patiënt sprake is van forse angst, automutilatie, grensoverschrijdend gedrag, hoge drop-out alsook van forse psychosociale problematiek. In zo'n vervolggesprek staat de angst, het grensoverschrijdende gedrag of het hanteren van de psychosociale problematiek centraal. Besproken wordt hoe de patiënt hiermee kan omgaan. Het maken van een crisisplan kan helpen. Overwogen kan worden om bij dit tweede adviesgesprek een bekende van de patiënt mee te laten komen zodat uitleg kan worden gegeven aan het systeem van de patiënt en er meer steun vanuit de directe omgeving van de patiënt kan komen.

De regels over bereikbaarheid van de groepstherapeuten worden besproken en de eventuele mogelijkheid van een psychiatrisch consult.

Tot slot worden de basisregels van de groep besproken. De belangrijkste zijn:
1. dat van iedereen verwacht wordt dat hij op tijd komt;
2. dat er buiten de groepstherapie bij voorkeur geen contact tussen groepsleden is. Toch komt het voor dat patiënten elkaar buiten de groepstherapie zien, bijvoorbeeld voor het maken van huiswerk. Onze ervaring is dat dit heel steunend kan zijn en voor veel patiënten corrigerend. Mocht het gebeuren, dan is het belangrijk dat de patiënten het in de groep melden, evenals waarover is gesproken;
3. dat in ieder geval níet buiten de therapie over elkaar gesproken mag worden;
4. dat de patiënt als hij boos of verdrietig wordt en wil weglopen uit de groep, dit eerst aan de groep kenbaar maakt en dan pas opstaat. Hiermee wordt de groepsveiligheid gewaarborgd.

Over de waarde van het opnemen van therapiesessies op dvd geven wij de volgende uitleg. Wij vinden het belangrijk dat deelnemers die een keer niet kunnen meedoen, betrokken blijven bij de groepstherapie.

> 'Wij zijn er zeker geen voorstander van dat zij een therapiesessie missen, maar wij realiseren ons ook dat dit bij hoge uitzondering onvermijdelijk kan zijn. In dat geval is het belangrijk dat de patiënt voorafgaand aan de eerstvolgende sessie de dvd kan bekijken (ook wanneer hij te laat is gekomen voor een sessie). Daarnaast kunnen patiënten die aanwezig zijn geweest ook op een ander moment een dvd-opname van de groepssessie zien. Het terugzien van de groepssessie kan helpen de patiënt meer te laten reflecteren over zichzelf en/of de interactie met anderen.'

8.3.2 Behandelsessies

Hierna wordt de behandeling van sessie tot sessie beschreven. Voor iedere sessie worden de volgende algemene aanbevelingen gegeven:
1. Het is belangrijk in iedere sessie aandacht te besteden aan de onderlinge relaties in de groep, de werkrelatie tussen groepstherapeut en patiënt én aan de interacties die zich buiten de therapie afspelen. Verbind problematische interacties met de meest dominante schema's en schemamodi; kijk hierbij ook naar schemavermijding, -bevestiging en -compensatie.
2. Herhaal psycho-educatie met betrekking tot de schema's/schemamodi en in stand houdende factoren. Leg uit dat in de eerste drie sessies veel aandacht is voor de schema's en vanaf sessie 4 ook meer stil wordt gestaan bij modi.
3. Herhaal psycho-educatie met betrekking tot emoties (vier B's, stemmingswisselingen, 'golven van de zee', acceptatie van eigen emoties); let op: valideer ook de emoties (als een patiënt boos op de groepstherapeut of een groepslid is, erken dit gevoel en exploreer de emoties, schema's en modi die een rol spelen in het contact).

Therapiefase 1 (sessie 1–3)

Sessie 1

- Na een korte inleiding volgt een namenrondje. Daarna wordt nog eens uitleg gegeven over groepstherapie en worden voorwaarden voor een veilige groepstherapie besproken. Tevens wordt de bereikbaarheid van de groepstherapeuten toegelicht. Leg uit dat soms gewerkt wordt met subgroepen en dat de groepstherapeuten dan de ruimte kort verlaten. Datgene wat in de subgroepen wordt besproken, wordt altijd in de grote groep teruggekoppeld.
- Vervolgens wordt de groep ingedeeld in subgroepen van twee à drie patiënten die tien minuten met elkaar praten over de uitkomsten van hun vragenlijsten. Dit is een verdiepte kennismaking. De groepstherapeuten trekken zich terug voor overleg en komen tien minuten later weer terug. De groepsleden stellen de ander met wie ze gesproken hebben voor aan de overige leden van de groep; het groepslid over wie het op dat moment gaat, krijgt de kans om datgene wat verteld wordt aan te vullen.
- Aan de groepsleden wordt gevraagd om hun drie schema's en modi en hun naam op een inlegflap schema ernstinschatting te schrijven en iedere sessie mee te nemen, zodat de flip-over aan het begin van elke sessie kan worden opgehangen. Deze inlegflap schema ernstinschatting zit als inlegvel in het werkboek. Vervolgens wordt aan de patiënten gevraagd om per schema aan te geven hoeveel last zij sinds de vorige sessie (het indicatiegesprek) van elk schema hebben gehad en hoeveel structurele verandering heeft plaatsgevonden ten opzichte van het begin van de therapie (het indicatiegesprek). (Deze structurele verandering mag de volgende sessie niet verlaagd worden!)
- Dan wordt stilgestaan bij eventuele vragen die groepsleden hebben. Gepolst wordt of de patiënt al iets herkend heeft van schematriggering. Als dit niet het geval is, benadrukken de groepstherapeuten dat het normaal is dat de schema's niet altijd direct herkend en/of begrepen worden. Het herkennen van schematriggering kost vaak tijd, en in de therapie worden ook vaardigheden aangeleerd om de schema-activering beter te leren herkennen. Het is belangrijk dat de schema's als een soort derde persoon worden gezien, om de eventuele egosyntoniteit te doorbreken en de schema's voor de patiënt tot iets aanvechtbaars te maken. Benadrukt wordt dat de schema's en modi zich door het werken met het werkboek voor patiënten veel moeilijker zullen kunnen handhaven. Het werkboek geeft handvatten om de schema's tastbaar uit te dagen. Om de schema's en modi goed te kunnen aanpakken, is een therapiesessie alleen niet voldoende. De patiënt zal ook buiten de sessies actief bezig moeten zijn, namelijk met het huiswerk.
- Met de groep wordt besproken dat in het begin van de therapie wat heviger gevoelens naar boven kunnen komen; een eerste teken van verandering! En dus niet van gevaar. Veel patiënten zijn als gevolg van hun schema's en modi geneigd om emoties als potentieel gevaar op te vatten. Uitgelegd wordt dat de schema's dit tegen de patiënt 'zeggen' omdat ze zich bedreigd voelen. Ze merken dat ze de greep op de patiënt kwijtraken en proberen die uit alle macht weer terug te krijgen. Praten over de emoties zowel binnen als buiten de therapie kan steun bieden. Ook bij patiënten bij wie geen hevige gevoelens naar boven komen, kan verandering optreden: de een krijgt meer emoties, de ander juist minder of minder hevige emoties.
- Geef als huiswerkopdracht het nogmaals lezen van de psycho-educatie over schema's, modi en de uitkomsten van het onderzoek. Aan de patiënten wordt gevraagd om in eigen woorden de eigen drie schema's weer te geven en wat elk schema voor hen betekent. Op

basis van huiswerkformulier 3 over wereld- en zelfbeeld kunnen de patiënten onderzoeken hoe zij naar de wereld en zichzelf kijken en hoe dat samenhangt met de schema's. Met behulp van het werkblad over schematriggering (de grote flip-over) worden patiënten uitgenodigd om tussen de opeenvolgende sessies bij te houden in welke mate zij last hebben gehad van de drie schema's en in welke mate er verandering is opgetreden. Daarnaast wordt patiënten aangeraden om een samenvatting over de sessie te schrijven op het daarvoor bestemde werkblad (de patiënt wordt ook verwezen naar sessie 1 in het werkboek).

Huiswerk voor de volgende keer

Zie ▶ Sessie 1 in *Werkboek kortdurende schematherapie: CGT-technieken*.

> **Tip**
> Neem als groepstherapeut in de eerste drie à vijf sessies een meer actieve houding aan. De patiënten zitten nog in de kennismakingsfase en hebben de groepstherapeuten nodig om contact te maken. Een steunende maar standvastige houding is in deze fase belangrijk.
> Ga terughoudend om met confronterende interventies.
> Eventuele vroege confrontaties tussen groepsleden houd je nog wat rustig en trek je als groepstherapeut naar je toe.

Therapiefase 1 (sessie 1–3)

Sessie 2

- Om te beginnen hangen alle groepsleden hun inlegflap schema ernstinschatting op met de beschrijving van de drie schema's en de drie modi en geven in cijfers weer in welke mate zij last hebben gehad van hun schema's. Een bespreking volgt: dat het zo bijhouden van de ernst en mate van verandering een manier is om schema-instandhoudend gedrag op te sporen en tegen te gaan. Het maakt het voor de schema's lastiger om 'onopgemerkt hun gang te gaan'.
- Aan de hand van de inlegflappen schema ernstinschatting kan worden doorgenomen hoe de afgelopen week van verschillende groepsleden geweest is. Vraag naar specifieke situaties die een schema triggerden. Vraag ook om een beschrijving van de schema's in eigen woorden. Wat hebben de groepsleden nog onthouden van de vorige sessie (samenvatting vorige sessie)? De groepstherapeuten hebben in dit groepsgesprek een actieve rol. Enerzijds geven zij uitleg, anderzijds vergroten zij het contact tussen de groepsleden door bijvoorbeeld groepsleden uit te nodigen te reageren of door hun te vragen of zij een situatie herkennen. De begrippen schemavermijding, schemacompensatie en schemabevestiging worden uitgelegd, en de groepstherapeuten leggen de relatie met de situaties die patiënten inbrengen, zodat deze begrippen meer gaan leven. Is de patiënt vooral een schemavermijder of juist een -compenseerder, of toch meer een -bevestiger? Uitgelegd wordt dat de schema's zich vaak op alle drie manieren in stand houden, maar dat mensen wel een voorkeur hebben voor één type gedrag.
- In subgroepen wordt in tien minuten het wereld- en zelfbeeld besproken. De groepstherapeuten trekken zich terug. Dit wordt vervolgens nabesproken in de groep. Wat zijn de verschillen en de overeenkomsten tussen de wereld- en zelfbeelden van de groepsleden?
- Aan het einde van de sessie wordt uitleg gegeven over schemaregistratie en over de vier basisemoties. Zo nodig wordt uitleg gegeven over het verschil tussen denken, doen en voelen. In sommige gevallen, vooral wanneer er sprake is van ernstige persoonlijkheidsproblematiek, is het nodig om de basisemoties te vertalen in kleuren, symbolen of gedragingen; sommige patiënten herkennen die gemakkelijker. Ook is het belangrijk om te benadrukken dat pijnlijke emoties normaal zijn; ze bestaan, en iedereen heeft ze wel eens, ook de therapeut. Het gaat erom in welke mate iemand er last van heeft en hoe iemand ermee omgaat.

Huiswerk voor de volgende keer
Zie ▶ Sessie 2 in *Werkboek kortdurende schematherapie: CGT-technieken*.

> **Tip**
> Besteed aandacht aan de werkrelatie én aan de interactie tussen de groepsleden. In deze fase van de therapie worden de observaties nog niet vaak teruggekoppeld naar de groepsleden. Dit gebeurt wel indien er sprake is van grensoverschrijding en/of onveiligheid. Voorbeeldzinnen die gericht zijn op het bevorderen van het groepsproces zijn:
> 1. Hoe kijken jullie hier als groep naar?
> 2. Jij geeft aan … [*korte samenvatting van wat patiënt heeft gezegd*] … hoe is dat voor anderen? Zijn er mensen die dit herkennen? Zijn er mensen die hier andere ervaringen mee hebben?
> 3. Ik hoor jou … [*korte samenvatting van wat patiënt heeft gezegd*] … zeggen. Dat hoorde ik jou (*ander groepslid aankijken*) en jou en jou en jou ook zeggen. Dit delen jullie dus met elkaar.

Sessie 3

- Voordat een groepsgesprek plaatsvindt, wordt aan de groepsleden wederom gevraagd hun inlegflap schema ernstinschatting met de daarop beschreven schema's en modi op te hangen. Zij krijgen de opdracht cijfers te geven voor ernst en mate van verandering (zie ▶ Sessie 1). De groepstherapeuten letten op de wijze van noteren: Ontbreekt er een score? Staat het percentage voor een structurele verandering?
- Vervolgens vindt een groepsgesprek plaats (ongeveer dertig minuten). De ernstscores op de inlegflappen schema ernstinschatting kunnen uitgangspunt van het groepsgesprek zijn. Bespreek wat de groepsleden de afgelopen week hebben meegemaakt. In welke situaties hadden zij last van welk schema? Wat was het gevoel? Wat dachten zij? Wat deden zij? Geef zo nodig nog een keer psycho-educatie over schematriggering en hoe schema's zichzelf in stand houden. Ook in dit gesprek hebben de groepstherapeuten nog een actieve rol en nodigen zij groepsleden uit om op elkaar te reageren. Zo nodig verbinden de groepstherapeuten het gespreksonderwerp met de schema's, het schemagedrag en de wijze waarop een patiënt geneigd is met zijn gevoelens om te gaan. Ter bevordering van de groepscohesie kunnen de groepstherapeuten de gemeenschappelijke factoren van de groepsleden expliciet benoemen.
- In subgroepen wordt gedurende tien minuten de schemaregistratie besproken. De groepstherapeuten kunnen deze tijd gebruiken om de ruimte te verlaten en even te overleggen over de groepsdynamiek en zo nodig interventies te bedenken.
- Daarna wordt in de groep kort teruggekoppeld wat er in de subgroepen is besproken. Dit kan eventueel ook op een whiteboard of flip-over worden gezet. Leg uit hoe gedachten/schema's het gedrag en gevoel hebben beïnvloed.
- Een manier om de groep te laten reflecteren over de groepscultuur is het afnemen van een groepsklimaatvragenlijst en de groep onderling te laten bespreken wat zij hebben ingevuld op de verschillende items en welke emoties/schema's en modi ze erbij ervaren.

Huiswerk voor de volgende keer

Zie ▶ Sessie 3 in *Werkboek kortdurende schematherapie: CGT-technieken*.

> **Tip**
> Als er in de groep veel angst leeft, waardoor het kijken naar de eigen modi te moeilijk is, kan het helpen als de groepstherapeuten drie veelbesproken beroemdheden noemen en aan de patiënten vraagt om er een uit te kiezen. De patiënten mogen nu voor deze beroemdheid invullen van welke drie schema's die beroemdheid de meeste last heeft en wat de drie meest voorkomende modi zullen zijn. Dit leidt vaak tot meer humor en ontspanning, terwijl er toch constructief wordt gewerkt aan inzicht.
> Zelfonthulling door de groepstherapeuten is een zeer krachtig middel voor het bevorderen van de werkrelatie, het ontschamen, het leren delen van emoties in de groep en het concretiseren van probleemoplossend vermogen.

Therapiefase 2 (sessie 4–15)

Sessie 4

- Aan de patiënten wordt gevraagd hun inlegflap schema ernstinschatting op te hangen en cijfers te geven voor ernst en mate van verandering (zie ▸ Sessie 1).
- Daaropvolgend vindt er een groepsgesprek plaats van dertig à veertig minuten (zie ook zitting 3). Ook nu kan het gesprek met de ernstscores geopend worden. Daarbij wordt dit keer meer aandacht besteed aan de rol van de schemamodi. Gebruik hiervoor zo nodig ◘fig. 8.1. Kijk eventueel samen met de groepsleden naar de hoogst scorende drie modi bij een patiënt en probeer er concrete situaties voor te vinden in wat bijvoorbeeld de afgelopen week of in de therapiesessie heeft plaatsgevonden. Geef aan dat de patiënten in de therapie zullen leren om meer en meer in de modi van de Gezonde volwassene en het Blije kind te gaan zitten. Het is een mogelijkheid om de patiënten in subgroepen voor zichzelf een schema- en modimodel in te laten vullen. Na het werken in subgroepen worden de bevindingen teruggekoppeld naar de gehele groep. Een alternatief is om patiënten in subgroepen een schema- en modidagboek voor zichzelf in te laten vullen. De groepstherapeuten trekken zich even terug als er in subgroepen gewerkt wordt. Daarna wordt naar de groep teruggekoppeld: wat viel op bij elkaar?
- Sommige patiënten herkennen de modi gemakkelijker dan de schema's. Maak duidelijk dat dit een vrij normaal verschijnsel is. Benoem voor deze patiënten dan ook regelmatig hun modi.

Huiswerk voor de volgende keer
Zie ▸ Sessie 4 in *Werkboek kortdurende schematherapie: CGT-technieken*.

Tip
Koppel zo nodig terug naar de groep wat het meest dominerende schemagedrag in de groep is: schemacompenserend, schemavermijdend of schemabevestigend, en geef uitleg over specifieke interventies (bijvoorbeeld bij een overschreeuwende groep zullen de groepstherapeuten de groepsleden vaak moeten afremmen en laten stilstaan bij hun gevoel).
Een manier waarop je dit groepsdynamisch kunt maken is te vragen wat de groep denkt dat de dominante schemacoping van de groep als geheel is.

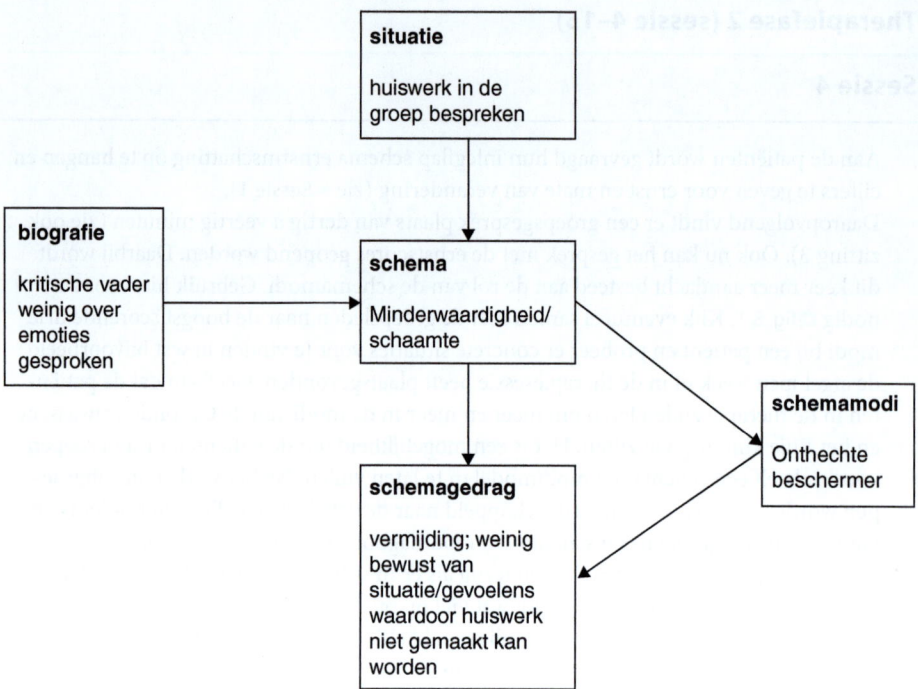

Figuur 8.1 De schemamodi schematisch weergegeven

Sessie 5

- De groepsleden hangen ieder hun inlegflap schema ernstinschatting op en geven cijfers voor ernst en mate van verandering (zie verder ▶ Sessie 1).
- Er volgt een groepsgesprek van dertig à veertig minuten (zie verder ▶ Sessie 3 en 4).
- Daarna wordt uitleg gegeven over de cognitieve uitdaagtechniek 'informatie verzamelen': 'Je schema's hebben zich door de jaren heen gevormd en verankerd. Er zijn situaties geweest waarin ze het gelijk aan hun kant leken te hebben, en er zijn situaties geweest die het schema tegenspraken. Vaak heb je de situaties die vóór het schema pleitten heel goed onthouden (schemabevestiging). De keren waarin het schema ongelijk had, heb je misschien minder goed onthouden, al dan niet als gevolg van schemavermijding of schemacompensatie. De eerste stap die je kunt zetten in het uitdagen van schema's is bedenken welke situaties uit jouw leven voor het bestaan van een schema pleiten en welke situaties ertegen. Voordat je dit als huiswerk gaat doen, wordt je ook gevraagd om aan te geven hoe geloofwaardig je het schema vindt. Aan het einde van de oefening wordt aan je gevraagd om opnieuw een cijfer voor geloofwaardigheid van het schema te geven, rekening houdend met *alle* (tegen)bewijzen.'
- In subgroepen wordt er geoefend met 'informatie verzamelen'. De oefening wordt nabesproken in de groep.
- Verwijs vervolgens naar de casus, 'Lotte' in het *Werkboek kortdurende schematherapie: CGT-technieken*. Hierin wordt een voorbeeld beschreven van 'informatie verzamelen'. In deze sessie wordt de techniek 'informatie verzamelen' uitgelegd en er wordt ook aan de groepsleden gevraagd om als huiswerk na te denken over welke feitelijke gebeurtenissen in de groep tegen of voor een schema pleiten. Op deze manier wordt duidelijker hoe je met deze techniek een schema op realiteit kunt toetsen. Tegelijkertijd is dit een hulpmiddel om patiënten zich bewust te laten worden van het groepsproces en hier met de groep over in gesprek te gaan. Groepsleden krijgen zo beter van elkaar door hoe schema's en modi in interactie met elkaar een rol spelen.

Huiswerk voor de volgende keer
Zie ▶ Sessie 5 in *Werkboek kortdurende schematherapie: CGT-technieken*.

Tip
Indien het angstniveau in de groep erg hoog is en er daardoor sprake is van vermijdingsgedrag, kan het van belang zijn uitleg te geven over de werking van angst en vermijdingsgedrag. Wanneer de patiënten daarna inzien dat achter vermijdingsgedrag veelal angst schuilgaat, vergroot dit het begrip voor elkaar, evenals de groepscohesie. Leg de groepsleden uit dat langdurige blootstelling (*exposure*) aan hun angst (bijvoorbeeld stilstaan bij emoties) net als blootstelling in het geval van angstklachten (As I) op lange termijn leidt tot uitdoving van de angst.
Aangezien de groep vanaf sessie 4 à 5 in de werkfase zit en er dan vaak ook een veilig groepsklimaat is, is er ruimte voor meer openleggende empathische confrontatie. In het begin zullen de groepstherapeuten hier een voorbeeldfunctie in hebben. Daarnaast dient de groep gestimuleerd te worden om dit meer en meer van de groepstherapeuten over te nemen.

Sessie 6

- De inlegflappen schema ernstinschatting worden opgehangen en er worden cijfers gegeven voor ernst en mate van verandering (zie verder ▶Sessie 1).
- Er volgt een groepsgesprek van dertig à veertig minuten (zie ook ▶Sessie 3, 4 en 5). In hoeverre is er sprake van schemavermijding, schemacompensatie en schemabevestiging? In hoeverre speelt schemagedrag een rol in de werkrelatie en in de interactie tussen de groepsleden? De groepstherapeuten koppelen dit laatste op een ondersteunende manier terug naar de groepsleden. Hoe gaan de groepsleden om met hun gevoelens? Is er angst om bij gevoelens stil te staan?
- In subgroepen worden voorbeelden van 'informatie verzamelen' uitgewisseld. Deze worden in de gehele groep nabesproken. Daarbij wordt ook stilgestaan bij feitelijke gebeurtenissen in de groep die tegen of voor het schema pleiten (zie ook ▶Sessie 5). Dit is ook een hulpmiddel om de patiënten zich bewust te laten worden van het groepsproces en hier met de groep over in gesprek te gaan. Zijn voldoende bewijzen gevonden die tegen het schema pleiten? Probeer zo nodig en zo mogelijk nog meer situaties te bedenken die tegen het schema pleiten. Kijk ook naar wat er in de therapie al aan positieve dingen is gebeurd. Erken tegelijk ook dat er situaties zijn die voor het schema pleiten. Benadruk dat het hier echter om situaties gaat en niet zonder meer over vaststaande feiten.
- Geef uitleg over de cognitieve uitdaagtechniek 'voor- en nadelenanalyse': 'Het kan soms eng zijn om te veranderen. Je gaat een oud en vertrouwd patroon loslaten en aan iets nieuws beginnen wat je misschien nog niet goed kent. Schema's hebben het er vaak moeilijk mee en vinden het lastig uit de comfortzone te stappen. Zij proberen je vaak angst te laten ervaren en willen daarmee eigenlijk zeggen dat het veel veiliger voor je is om niet te veranderen. Trap daar niet in! Je bent nu al heel ver gekomen en het is belangrijk om juist nu door te zetten. Om voor jezelf overzichtelijk te maken wat de voor- en nadelen zijn van het hebben van de schema's die in jouw leven een rol spelen, kun je het best een voor- en nadelenanalyse maken. Hiermee wordt concreet en zichtbaar wat de voor- en nadelen zijn van verandering. Je maakt het daarmee moeilijker voor je schema's om te blijven bestaan. Je wordt er nog gemotiveerder door om tegen je schema's te "vechten".'
- Verwijs naar Sessie 6 in het werkboek. Daar staat een voorbeeld van een voor- en nadelenanalyse beschreven. Leg uit dat er ook een voor- en nadelenanalyse van een modus gemaakt kan worden.
- Indien er tijd over is, kunnen de groepstherapeuten met de groep stilstaan bij de voor- en nadelen om schema's en/of modi te veranderen in relatie tot de groep. Ook dit is een hulpmiddel om de groep stil te laten staan bij het groepsproces en de rol van hun schema's en modi hierin.

Huiswerk voor de volgende keer

Zie ▶Sessie 6 in *Werkboek kortdurende schematherapie: CGT-technieken*.

> **Tip**
> Vraag aan de groepsleden om te bedenken wat zij bij elkaar aan verandering zien (of hebben gehoord). Veranderingen in de wijze waarop zij met een (groeps)situatie omgaan of vanuit hun schema's en modi reageren, kunnen hiervan voorbeelden zijn. Laat patiënten die feedback opschrijven.

Sessie 7

- De inlegflappen schema ernstinschatting worden opgehangen en er worden cijfers gegeven voor ernst en mate van verandering (zie verder ▶ Sessie 1).
- Er volgt een groepsgesprek van dertig à veertig minuten (zie ook ▶ Sessie 3, 4, 5 en 6). In hoeverre is er sprake van schemavermijding, schemacompensatie, schemabevestiging en inadequaat modusgedrag? In hoeverre speelt schema-/modusgedrag een rol in de werkrelatie en interactie tussen groepsleden? De groepstherapeuten stimuleren de groepsleden om dit op een empathische wijze aan elkaar te vertellen.
- De als huiswerk gemaakte voor- en nadelenanalyse wordt besproken. De groepstherapeuten proberen zo nodig om samen met de groepsleden nog meer nadelen te vinden van het hebben van de schema's.
- Het rollenspel 'rechtbank' wordt geïntroduceerd. De ene helft van de groep is de aanklager en de andere groepsleden zijn de advocaten van het schema dat zij hebben uitgekozen om te verdedigen en waarvan minimaal een van de advocaten last heeft. De groepstherapeuten spelen de rol van rechter. Zij zorgen ervoor dat zowel de advocaten als de aanklagers hun pleidooien en tegenpleidooien kunnen houden. Wissel bij voldoende tijd de rollen van advocaat en aanklager om.
- Vraag als groepstherapeut voor het begin van het rollenspel welk schema voor dit rollenspel wordt uitgedaagd. Dien als 'officier van justitie' een aanklacht in bij een denkbeeldige rechtbank en vertel waar het schema van wordt beschuldigd. Gebruik hiervoor eventueel ook de informatie uit de voor- en nadelenanalyse. Waarom heeft het schema het recht om te bestaan? Waarom zou het niet moeten worden opgesloten in de gevangenis? Refereer geregeld naar de patiënt met het betreffende schema als collega-advocaat. Voor het schema wordt een aparte lege stoel neergezet als beklaagdenbankje. Zo voelt de patiënt zich minder aangevallen en kan hij beter distantie houden ten opzichte van het schema.
- Tot slot wordt uitleg gegeven over het huiswerk met de cognitieve uitdaagtechniek 'genuanceerd evalueren': 'Een schema dankt zijn bestaan aan zwart-witgedachten. Het kan moeilijk zijn om genuanceerder over iets te denken als je al heel lang een bepaalde kijk op iets hebt. Om minder zwart-wit te denken en dus de kracht van het schema af te zwakken, kun je de techniek "genuanceerd evalueren" hanteren. Geef vooraf aan in welke mate je gelooft in een bepaald beeld van jezelf. Schrijf een paar mensen op met wie je je zou kunnen vergelijken. Dit mogen vrienden of kennissen zijn, maar ook beroemdheden. Bedenk vervolgens zo veel mogelijk gedragseigenschappen die bij jouw opvatting over jezelf passen. Ga nu per eigenschap na in welke mate die bij jou aanwezig is en in welke mate bij de anderen. Geef aan het einde van de oefening aan in hoeverre je dan nog gelooft in het beeld van jezelf.'

Huiswerk voor de volgende keer

Zie ▶ Sessie 7 in *Werkboek kortdurende schematherapie: CGT-technieken*.

Tip

Wanneer patiënten een rollenspel doen, is het belangrijk dat zij op een andere plaats gaan zitten; ook wanneer gebruik wordt gemaakt van de rechtbanktechniek. Vraag na afloop van het rollenspel hoe het voor de patiënt is geweest om in de betreffende rol de situatie te beleven. Vraag zo nodig ook hoe het in het hier en nu met de patiënt gaat (aandacht voor het 'uit de rol halen'). Vraag de patiënt vervolgens om terug te gaan naar zijn plaats. Vraag aan andere groepsleden naar hun ervaringen naar aanleiding van het rollenspel: Wat heeft dit rollenspel jullie opgeleverd? Waar doet het jullie aan denken?

Sessie 8

- De inlegflappen schema ernstinschatting worden opgehangen en er worden cijfers gegeven voor ernst en mate van verandering (zie verder ▶Sessie 1). Verandert de mate van verandering? Zo nee, spelen schema's en/of schemamodi hierin een rol?
- Er volgt een groepsgesprek van dertig à veertig minuten (zie ook ▶Sessie 3, 4, 5, 6 en 7). In hoeverre speelt schemagedrag een rol in de werkrelatie en interactie tussen groepsleden? De groepstherapeuten koppelen dit laatste op een empathische manier terug naar de groepsleden.
- Het rollenspel 'ideaal en devaluatie' wordt geïntroduceerd. Schrijf een negatieve gedachte van een groepslid op het whiteboard; denk daarbij aan de manier waarop schema's het beeld van jezelf beïnvloeden. Er wordt bij aangegeven hoe geloofwaardig die persoon zijn gedachte vindt door een percentage op te schrijven van nul procent ('ik geloof er helemaal niet in') tot honderd procent ('ik geloof er heel sterk in'). Vervolgens gaat de groep 'overdrijven'. De helft van de groep overdrijft in positieve zin: zij noemen zo veel mogelijk positieve gedragingen van de patiënt op. De andere helft van de groep noemt zo veel mogelijk negatieve gedragingen op. In beide subgroepen moet flink worden overdreven. Na afloop van het rollenspel geeft de patiënt weer een geloofwaardigheidspercentage op. Is het percentage veranderd? Bespreek wat heeft bijgedragen tot de verandering. Als het percentage niet is veranderd: Wat ontbrak er dan? Welke modi zijn actief (geweest) in het rollenspel? Het rollenspel wordt nabesproken, waarbij ook wordt stilgestaan bij problemen waar de groepsleden misschien tegenaan zijn gelopen bij het huiswerkformulier 'genuanceerd evalueren'. Zijn ze door deze huiswerkopdracht anders naar zichzelf gaan kijken?
- Nogmaals worden het doel en de werkwijze van 'genuanceerd evalueren' besproken. De patiënten krijgen als huiswerk de suggestie mee ook een vertrouwd iemand te betrekken in het genuanceerd evalueren, deze de huiswerkopdracht ook te laten maken en de opdracht met elkaar te bespreken.

Huiswerk voor de volgende keer

Zie ▶Sessie 8 in *Werkboek kortdurende schematherapie: CGT-technieken*.

> **Tip**
> In deze fase van de therapie is het aan te raden om (op een flip-over) de nieuwe schemagedragingen die de patiënten hebben toegepast te inventariseren. Stimuleer de groepsleden om samen op te schrijven met welk schema-/modusgedrag zij in de toekomst nog kunnen oefenen.

Sessie 9

- De inlegflappen schema ernstinschatting worden opgehangen en er worden cijfers gegeven voor ernst en mate van verandering (zie verder Sessie 1). Verandert de mate van verandering? Zo nee, spelen schema's en/of schemamodi hierin een rol?
- Er volgt een groepsgesprek van dertig à veertig minuten (zie ook ▶Sessie 3, 4, 5, 6, 7 en 8). In hoeverre speelt schemagedrag een rol in de werkrelatie en interactie tussen groepsleden? De therapeut koppelt dit laatste op een empathische manier terug naar de groepsleden.
- Het huiswerk 'genuanceerd evalueren' wordt besproken. Indien bekenden van de patiënten het huiswerk ook hebben gedaan: Wat waren de uitkomsten? Zijn nieuwe inzichten verworven? Waar heeft het erover praten toe geleid?
- Nu wordt opnieuw het rollenspel 'ideaal en devaluatie' gespeeld. De ene helft van de groep gaat weer positief overdrijven, de andere helft gaat (voorzichtig) negatief overdrijven (zie verder ▶Sessie 8). Na het rollenspel geven de groepsleden elkaar feedback.
- Leg de uitdaagtechniek 'taartdiagram' uit: 'Soms denken wij mensen weleens dat we voor alles verantwoordelijk zijn, of dat de hele wereld tegen ons is, of dat wij de enigen zijn die nare dingen meemaken terwijl we veel beter verdienen. Onze schema's willen ons dit graag doen geloven. Maar de praktijk is minder zwart-wit. Om de bijdrage van jezelf en anderen in een bepaalde situatie in kaart te brengen kun je gebruikmaken van een taartdiagram. Bedenk een situatie waarin je een gedachte had zoals zojuist beschreven en bedenk welk schema erbij hoort. Geef een percentage voor de geloofwaardigheid van de gedachte. Noem vervolgens *alle* andere mensen en instanties op die ook maar enigszins te maken hebben met de situatie. Geef nu eerst al die andere mensen en instanties een stuk taart en plaats als laatste jezelf in het diagram. Kijk nu eens goed naar de taart. Hoe geloofwaardig is je gedachte nu nog?'
- Aan het einde van de sessie wordt met elk groepslid een afspraak gemaakt voor een korte (maximaal dertig minuten) individuele evaluatiesessie met een van de groepstherapeuten voorafgaand aan ▶sessie 11.

Huiswerk voor de volgende keer

Zie ▶Sessie 9 in *Werkboek kortdurende schematherapie: CGT-technieken*.

Tip

Een mogelijkheid is om het 'genuanceerd evalueren' behalve als huiswerk ook een keer in de groepen te oefenen door bijvoorbeeld met deze techniek een groepsnorm uit te dagen. Stel dat de therapiegroep als dominant schema Meedogenloze normen/overdreven kritisch heeft. Dan zou een onderliggende gedachte kunnen zijn: 'wij zijn als groep waardeloos wanneer we niet keihard werken'. Vervolgens kan die gedachte met genuanceerd evalueren worden uitgedaagd. Welke gedragskenmerken passen er bij een groep die goed genoeg is? Er kan ook als huiswerk worden opgegeven om 'een taartdiagram' samen met dierbaren in te vullen. Op deze manier kunnen patiënten op verschillende manieren gestimuleerd worden om meer in grijstinten te leren denken.

Sessie 10

- De inlegflappen schema ernstinschatting worden opgehangen en er worden cijfers gegeven voor ernst en mate van verandering (zie verder ▶Sessie 1). Verandert de mate van verandering? Zo nee, spelen schema's en/of schemamodi hierin een rol?
- Er volgt een groepsgesprek van dertig à veertig minuten (zie ook ▶Sessie 3, 4, 5, 6, 7, 8 en 9). In hoeverre speelt schemagedrag een rol in de werkrelatie en interactie tussen groepsleden? De groepstherapeuten koppelen dit laatste op een empathische manier terug naar de groepsleden.
- Het huiswerk 'taartdiagram' wordt nabesproken. Vraag ook na of een groepslid de taartdiagram door iemand anders heeft laten invullen.
- De groepsleden vullen in het laatste half uur van de groepssessie de vragenlijsten (de SCL-90, de schemavragenlijst en SMI) in, zodat de groepstherapeuten deze voorafgaand aan sessie 11 kunnen scoren. Aan de patiënten wordt gevraagd om aan de hand van het evaluatieformulier uit het werkboek een tussentijdse evaluatie te maken.

Huiswerk voor de volgende keer

Zie ▶Sessie 10 in *Werkboek kortdurende schematherapie: CGT-technieken*.

> **Tip**
> Begin de sessie met de vraag wat patiënten aan veranderingen hebben waargenomen bij zichzelf en bij de groepsleden.

Sessie 11

Sessie 11 is een evaluatiesessie. Voorafgaand aan deze groepssessie hebben alle groepsleden een individueel gesprek gehad met een van de groepstherapeuten om de belangrijkste uitkomsten van de tussentijdse evaluatie te bespreken. Ter voorbereiding op groepssessie 11 kunnen patiënten nadenken over de belangrijkste uitkomsten van de tussentijdse evaluatie.

- Net als in elke sessie wordt begonnen met het verzoek om de inlegflappen schema ernstinschatting op te hangen en cijfers te geven voor ernst en mate van verandering (zie verder zitting 1).
- Dan wordt de tussentijdse evaluatie in de groep besproken. Het bespreken van de mate van verandering wordt mede gedaan aan de hand van het door de groepstherapeuten geschreven tussentijdse evaluatierapport, waarvoor de vragenlijsten zijn gebruikt die in sessie 10 zijn ingevuld. Daarbij worden vragen gesteld als: hoeveel procent vermindering/vermeerdering van de schema's en van de klachten is er te zien? Is er een ander schema naar boven gekomen dat misschien als vierde schema moet worden meegenomen in de rest van de therapie? Zo ja, dan moeten de patiënten dit er op hun flip-over bij schrijven. Is er een verandering in de modi waarneembaar? Wat vinden de patiënten zelf van de voortgang van de therapie? Elke patiënt krijgt een kopie van het tussentijdse evaluatierapport mee naar huis. Laat de groepsleden elkaar feedback geven. Waar zou volgens de andere patiënten gedurende de rest van de therapie de aandacht op gericht moeten worden? Wat vinden de groepstherapeuten belangrijke aandachtspunten? Hoe is de werkrelatie? Hoe zijn de relaties binnen de groep en buiten de groep? Met welke schemagedragingen en modi kunnen de patiënten binnen en buiten de therapie gaan oefenen om die te veranderen? Wat heb je nodig van de groep? Van de groepstherapeuten? Van je omgeving? Welke stappen kun je (daarin) zelf zetten? Als hulpmiddel kan nog een keer de groepsklimaatvragenlijst door de groepsleden worden ingevuld en besproken.
- Vervolgens gaan de patiënten in subgroepen inventariseren met welk schemagedrag ze de resterende sessies kunnen oefenen. De groepstherapeuten trekken zich dan even terug.

Huiswerk voor de volgende keer

Zie ▶ Sessie 11 in *Werkboek kortdurende schematherapie: CGT-technieken*.

Tip

Indien er sprake is van een schemavermijdende groep, die steeds benadrukt dat er weinig is veranderd, dan is de hierna beschreven interventie het overwegen waard.
Om te beginnen kan vaak op basis van de uitkomsten van de vragenlijsten worden aangetoond dat er wel degelijk enige mate of zelfs een grote mate van verandering heeft plaatsgevonden. Benadruk dat de patiënten deze lijsten zelf hebben ingevuld, dat *zij* dus degenen zijn die verandering aangeven, dat die verandering er niet alleen is in de ogen van de therapeut. Maak vervolgens de overstap naar het eng-zijn van veranderen. Een verandering waaraan zij zelf een bijdrage hebben geleverd, betekent voor patiënten nogal eens dat ze zelf ook verantwoordelijk zijn voor hun functioneren, met alle risico van dien (kans op falen/mislukking, niet voldoen aan hoge eisen, leren accepteren van zichzelf en anderen).

Sessie 12

- De inlegflappen schema ernstinschatting worden opgehangen en er worden cijfers gegeven voor ernst en mate van verandering (zie verder ▶Sessie 1).
- Er volgt een groepsgesprek van twintig à dertig minuten (zie ook vorige sessies). Daarnaast wordt aan de patiënten gevraagd om (nogmaals) in eigen woorden te formuleren welk schemagedrag zij willen veranderen binnen en buiten de therapie en hoe zij denken daarbij geholpen te kunnen worden door de omgeving. Bij de patiënten kan onrust en angst ontstaan omdat ze vanaf nu met nieuw gedrag aan de slag moeten, gedrag dat ze altijd zorgvuldig hebben vermeden. Naast psycho-educatie over blootstelling aan angst is het vooral belangrijk om patiënten met elkaar te laten delen wat ze meemaken aan veranderingen. Hoe is het om nog meer Gezonde volwassene te worden, met bijbehorende verantwoordelijkheden, en oude rolpatronen en oude disfunctionele relaties op te geven? Patiënten kunnen ook met elkaar uitwisselen hoe ze om kunnen gaan met die veranderingen. De groepstherapeuten stimuleren vooral het interpersoonlijk leren. Alleen indien echt nodig geven zij zelf voorbeelden van gezond volwassen gedrag.
- Het schema- en/of modusgedrag dat de patiënten willen veranderen is aanleiding voor een rollenspel. Een patiënt wordt gevraagd om een concrete situatie te geven waarin hij dit schema en/of deze modus vertoonde. Hem wordt gevraagd om de situatie na te spelen, en daarin zichzelf te spelen, maar nu te proberen in de modus van de Gezonde volwassene te reageren. De tegenspeler probeert het de patiënt moeilijk te maken om zo het oude schema- en/of modusgedrag alsnog uit te lokken. Na een paar minuten wordt het gebeuren geëvalueerd. Hoe was het voor de patiënt om de rol te spelen? Hoe gaat de patiënt met zijn (intense) gevoelens om? Hoe zag het gedrag van de Gezonde volwassene eruit? Hoe zou het nog anders kunnen? Had de patiënt nog last van ander modi/schemagedrag? Wat betekende het voor de tegenspeler? Vervolgens wordt het rollenspel nog een keer gespeeld, waarbij de patiënt gevraagd wordt om gebruik te maken van de feedback die hij gekregen heeft. Tijdens het rollenspel helpen andere groepsleden de tegenspeler zo nodig om de medepatiënt het schema- en/of de modus te ontlokken, en omgekeerd kan de patiënt door een groepslid/groepsleden geholpen worden om de Gezonde volwassene te blijven zijn (techniek van het dubbelen). De groepstherapeuten breken alleen in het rollenspel in als zij merken dat de patiënt en de helpers zich te onveilig voelen. De overige groepsleden observeren het rollenspel en bekijken hierbij het uitgelokte schema/modusgedrag en de Gezonde volwassene. Na het rollenspel wordt aan de groepsleden gevraagd of zij dingen konden herkennen, en hoe zij vanuit de modus van de Gezonde volwassene met deze situatie om zouden gaan.
- Aan het einde van de sessie wordt uitleg gegeven over het 'signaleringsplan': 'Je hebt inmiddels meer kennis over de situaties waarin je schema's en modi getriggerd worden en hoe je dan reageert. Om te zorgen dat je nog eerder in de gaten krijgt wanneer je schema's en modi getriggerd kunnen worden, vragen we je om een signaleringsplan op te stellen. Het signaleringsplan helpt je om de schema- en modusactivering te voorkomen of om de schade ervan in ieder geval zo veel mogelijk te beperken. In dit plan ga jij opschrijven wat voor jou de eerste signalen zijn dat een bepaald schema en/of bepaalde modus getriggerd worden. Dit kunnen emoties zijn, gedachten of gedragingen. Belangrijk is dat jij de signalen herkent als een aanloop tot de activering van jouw schema's en modi. Beschrijf de signalen in oplopende mate, bijvoorbeeld aan de hand van de kleuren van een stoplicht, waarbij groen de veilige situatie is, oranje een waarschuwing geeft en rood de schema- en modusactivering weergeeft. Schrijf daarbij ook op wat jou kan helpen om weer in fase groen te komen. Zie ook het voorbeeld bij ▶Sessie 12 in het werkboek.

Therapiefase 2 (sessie 4–15)

Huiswerk voor de volgende keer
Zie ▶ Sessie 12 in het *Werkboek kortdurende schematherapie: CGT-technieken*.

Tip
In het rollenspel kan het gebeuren dat de helpers van de spelers vastlopen. Pas als het echt niet anders kan, stappen de groepstherapeuten in om mee te helpen. Belangrijk is echter om de patiënten vooral te stimuleren om er met elkaar uit te komen. Groepstherapeuten die te vroeg instappen, kunnen de schema's Mislukking en/of Meedogenloze normen/overdreven kritisch bij patiënten versterken.
Patiënten vinden het vaak in het begin eng om een rollenspel te doen. Neem als groepstherapeuten de eerste keer dan ook een actieve houding aan. Vraag een patiënt meteen om te gaan staan en creëer met stoelen en/of tafels een setting waarin het rollenspel gaat plaatsvinden. Dit voorkomt vaak dat er te lang gepraat wordt over een probleemsituatie.

Sessie 13

- De therapiesessie kan beginnen met de groep eraan te herinneren dat er nog maar vijf therapiesessies zijn voor het einde van de therapie, waarna nog de twee follow-upsessies zullen volgen. Als patiënten in de therapie nog méér willen werken aan verandering, dan is het zaak om dat nu te doen. Dit principe van de snelkookpan houdt de patiënt extra actief en vermindert de kans op schemavermijding die aan het einde van de therapie toch altijd weer wat gaat opspelen.
- Dan wordt aan de patiënten gevraagd de inlegflappen schema ernstinschatting op te hangen en cijfers te geven voor ernst en mate van verandering (zie verder ▶Sessie 1).
- Er volgt een groepsgesprek van ongeveer twintig minuten (zie ook vorige sessies).
- Daarna wordt in vijf à tien minuten het signaleringsplan besproken. Hoe was het voor patiënten om te doen? Zijn er nog vragen? Laat dit vooral niet te lang duren, omdat het belangrijk is om nog ruim de tijd te hebben voor rollenspelen. Het moet geen 'praten over' worden (want dat verhoogt de kans op schemavermijding).
- De groepsleden spelen vervolgens een rollenspel zoals in sessie 12. De groepstherapeuten springen zo nodig in (zie ook ▶Sessie 12). Het rollenspel is gericht op de schema's en modi die een patiënt wil veranderen (zie ook ▶Sessie 12).

Huiswerk voor de volgende keer

Zie ▶Sessie 13 in *Werkboek kortdurende schematherapie: CGT-technieken*.

Tip
Het gebruik van de snelkookpantechniek kan tot gevolg hebben dat de groep in plaats van extra hard te gaan werken juist langzamer gaat werken en dat er in een vroegtijdig stadium terugtrekgedrag plaatsvindt. Bepaal daarom vooraf of de snelkookpantechniek bij sessie 13 al ingezet moet worden of pas bij sessie 14/15. Houd daarbij ook rekening met het feit dat er in sessie 17 ruimte moet zijn voor intrede van de afscheidsfase en dat patiënten dan dus geleidelijk aan uit de werkfase moeten komen.

Sessie 14

- Openingszin van de sessie is: 'Je hebt hierna nog vier sessies.'
- Dan wordt aan de patiënten gevraagd de inlegflappen schema ernstinschatting op te hangen en cijfers te geven voor ernst en mate van verandering (zie verder ▶ Sessie 1).
- Er volgt een groepsgesprek van ongeveer twintig minuten (zie ook vorige sessies).
- Zijn er nog bijzonderheden ten aanzien van het huiswerk? De groepstherapeuten bespreken met de patiënten mogelijke risicosituaties waarin een schema en modus kan optreden, en hoe de schade in deze situaties kan worden voorkomen of beperkt. De patiënten doen er goed aan ook dit in het signaleringsplan op te nemen; de therapeuten laten zo nodig op het whiteboard zien hoe een risicosituatie in het signaleringsplan kan worden opgenomen.
- Er wordt weer een rollenspel gespeeld om schema- en/of modusgedrag te veranderen. De groepstherapeuten springen zo nodig in (zie ▶ Sessie 12).
- Aan het einde van de sessie wordt uitleg gegeven over het maken van 'flitskaartjes' (zie ook Schacht en Peeters 2000): 'Voor veel mensen geldt dat zij, wanneer een van hun schema's sterk geactiveerd is, niet meer goed weten hoe ze dat schema kunnen uitdagen. Zij worden op dat moment haast bedwelmd door het schema. Het lijkt dan alsof alle kennis die is opgedaan ineens weer verloren is gegaan. Dit is een normaal verschijnsel: het is een poging van het schema om weer greep op een mens te krijgen. Wat daar onder andere tegen kan helpen is het maken van flitskaartjes. Dit zijn kleine kaartjes die je gebruikt op het moment dat een schema bij je op 'visite' komt. Aan één kant van het kaartje schrijf je het schema en de bijbehorende gedachten op. Aan de andere kant schrijf je gedachten op die ertegenin gaan. Het is aan te raden om deze kaartjes bij je te dragen. Op een gegeven moment is het al voldoende om te weten dat je de kaartjes bij je hebt en hoef je er niet eens meer op te kijken om je schema's toch te kunnen aanpakken. Patiënten die zich meer herkennen in modi kunnen de flitskaartjes maken voor momenten dat zij veel last hebben van een bepaalde modus.'

Huiswerk voor de volgende keer

Zie ▶ Sessie 14 in *Werkboek kortdurende schematherapie: CGT-technieken*.

Tip

Veelal worden patiënten aan het einde van de therapie weer wat stiller. Ze gaan weer iets meer van hun oude, schema-instandhoudende gedragingen vertonen. Dit is het moment waarop de groepstherapeuten weer een actievere en zo nodig directieve houding moeten aannemen en de patiënten aan het werk houden door hen actief te stimuleren.

Sessie 15

- Openingszin van de sessie is: 'Je hebt hierna nog drie sessies.'
- Dan wordt aan de patiënten gevraagd de inlegflappen schema ernstinschatting op te hangen en cijfers te geven voor ernst en mate van verandering (zie verder ▶Sessie 1).
- Er volgt een groepsgesprek van ongeveer twintig minuten (zie ook vorige sessies).
- Het is belangrijk om psycho-educatie te geven over het terugkomen van klachten, schema- en modiactivering en schemagedrag. De patiënten ervaren dat terugkomen veelal als bedreigend en zien het in sommige gevallen als falen/mislukken, of reageren door nog hogere eisen aan zichzelf te stellen. Belangrijk is dat zij leren inzien dat dit terugkeren van schema's heel gewoon is. Ook zien we vaak dat patiënten tijdelijk meer last krijgen van bepaalde modi, zo kan in de laatste fase van groepstherapie de Straffende en de Veeleisende ouder meer van zich laten horen. Blijf patiënten op het hart drukken dat het belangrijk is én blijft om de schema's en modi aan te pakken: 'Wanneer het einde van de therapie nadert krijgen veel patiënten *tijdelijk* weer meer last van hun klachten, schema- en modiactivering en schemagedrag. Dit is een heel normaal verschijnsel. Het kan soms voelen alsof je weer helemaal terug bij af bent. Dit is niet het geval. Je hebt in deze therapie veel geleerd. Je kunt er ook al veel van toepassen. Het is slechts een truc van je schema's en modi om weer de baas over je te kunnen worden. Trap daar niet in en blijf toepassen wat je in de therapie leert en geleerd hebt. Bespreek met anderen in je omgeving wat er met je gebeurt. Ook zij moeten misschien wennen aan jouw nieuwe gedrag. Wellicht kunnen ze je helpen om dat nieuwe gedrag verder te versterken en te blijven opkomen tegen je schema's en inadequate modi.'
- Introduceer het rollenspel 'het schema en de Gezonde volwassene'. De ene helft van de groep speelt de Gezonde volwassene en de andere helft van de groep speelt het schema van een van de groepsleden, bijvoorbeeld aan de hand van het signaleringsplan of de flitskaartjes. Zet het schema en de situatie op een whiteboard/flip-over om het concreet te maken. Schrijf na het rollenspel de argumenten voor en tegen het schema op een whiteboard/flip-over en laat de patiënten deze ook op een flitskaartje schrijven. In de groep kan ook gekozen worden voor een ander rollenspel waarbij de patiënten bewust worden van schema- en modustriggering en leren tegengas te bieden.

Huiswerk voor de volgende keer
Zie ▶Sessie 15 in *Werkboek kortdurende schematherapie: CGT-technieken*.

> **Tip**
> In deze en de volgende sessie is het belangrijk om nog veel met rollenspelen te oefenen. Dit bevordert de werkhouding van de groepsleden, die afhankelijk van dominante groepsschema's en groepsmodi soms geneigd zijn om in deze fase weer terug te vallen in oude patronen.

Therapiefase 3 (sessie 16–18)

Sessie 16

- De sessie wordt geopend met: 'Het einde van deze groepstherapie nadert. Je hebt hierna nog maar twee sessies. Na sessie 18 volgen nog twee follow-upsessies. Deze zijn echter alleen bedoeld voor het evalueren van de tussenliggende periode. Het zijn evaluatiemomenten en geen therapiesessies meer.'
- Dan wordt aan de patiënten gevraagd de inlegflappen schema ernstinschatting op te hangen en cijfers te geven voor ernst en mate van verandering (zie verder ▶ Sessie 1).
- Er volgt een groepsgesprek van ongeveer twintig minuten (zie ook vorige sessies). De groepstherapeuten introduceren het afscheid nemen van de groep en staan stil bij hoe patiënten vroeger altijd afscheid namen en hoe ze dat nu willen doen. Gevoelens van verlating en gemis en van boosheid, bijvoorbeeld omdat een patiënt meent onvoldoende aandacht in de therapie te hebben gekregen, worden bespreekbaar gemaakt. Benadrukt wordt ook, en juist, wat de groepsleden van elkaar geleerd hebben en hoe ze dat na de groep kunnen blijven gebruiken: het accent wordt gelegd op *positieve* ervaringen.
- Zo nodig worden de technieken die de patiënten geleerd hebben nog eens besproken. Eventueel wordt ook de psycho-educatie over tijdelijke verergering van klachten, schema's en modi herhaald.
- Vervolgens wordt weer een rollenspel gespeeld zoals beschreven bij de voorgaande sessies.
- De bespreking van het huiswerk voor de volgende keer, het schrijven van het positieve logboek, vormt het besluit van de sessie: 'Veel mensen die last hebben van schema's zijn geneigd om bij het kijken naar zichzelf, de ander en de wereld om zich heen, alleen maar aandacht te hebben voor ervaringen die hun schema's bevestigen. De schema's doen hen vergeten óók te kijken naar alle situaties die de schema's ontkrachten. Om je nog meer te wapenen tegen je schema's raden we je aan om een positief logboek bij te houden. In dit positieve logboek ga je opschrijven welke situaties tegen je schema's ingaan. Zo zul je je nog bewuster worden van het feit dat je schema's niet altijd gelijk hebben. Je kunt hun overtuigingskracht er verder mee verminderen. Indien jij je meer herkent in het werken met modi, kun je in het positieve logboek bijhouden wanneer je als Gezonde volwassene hebt gereageerd of bijhouden wanneer je in het contact met anderen meer de modus van het Kwetsbare kind hebt laten zien.'

Huiswerk voor de volgende keer
Zie ▶ Sessie 16 in *Werkboek kortdurende schematherapie: CGT-technieken*.

> **Tip**
> Wanneer patiënten het vervelend vinden dat de groepstherapeuten het naderende einde van de therapie zo expliciet op tafel leggen (en dat gebeurt nogal eens), is het goed dit op een empathische manier bespreekbaar te maken. Wat betekent het voor de patiënten? Welke schema's worden getriggerd? Welke modi? Hoe zit het met schemavermijding/-bevestiging/-compensatie? Hoe is het om afscheid te nemen van elkaar als groep?
> De groepstherapeuten doen er goed aan tegen het einde van de therapie steeds actiever te worden.
> Neem een minder confronterende houding aan en dek confrontaties tussen groepsleden toe.

Sessie 17

- De sessie wordt geopend met: 'Na deze sessie is er nog één sessie voordat er twee follow-upsessies zullen plaatsvinden. De eerste follow-up een maand na sessie 18, de tweede follow-up twee maanden na de eerste.'
- Dan wordt aan de patiënten gevraagd de inlegflappen schema ernstinschatting op te hangen en cijfers te geven voor ernst en mate van verandering (zie verder ▶Sessie 1).
- Er volgt een groepsgesprek van ongeveer twintig minuten (zie ook vorige sessies).
- Er wordt een rollenspel gespeeld waarbij het positieve logboek voor de rol van 'Gezonde volwassene' als leidraad kan dienen; als alternatief kan ook ieder groepslid aan andere groepsleden drie kaartjes geven met 'ik zie, ik vind ...' (en vervolgens een positieve verandering die waargenomen wordt bij de ander). Op deze manier ligt het accent op de uitwisseling van positieve ervaringen en op het stilstaan bij nieuw, gezond gedrag, en op datgene wat groepsleden van elkaar geleerd hebben.
- Aan het einde van de sessie wordt uitleg gegeven over de EHBO-koffer:
- 'Je hebt gedurende deze therapie veel technieken geleerd waarmee je je schema's kunt uitdagen en op een andere manier met jouw modi kunt omgaan. Met deze kennis en vaardigheden kun je nu een EHBO-koffer maken waarin jij de spullen stopt die jou helpen in noodsituaties wat betreft schema's en modi.'

Huiswerk voor de volgende keer

Zie ▶Sessie 17 in *Werkboek kortdurende schematherapie: CGT-technieken*.

> **Tip**
> In deze sessie kan het nodig zijn om nog expliciteter stil te staan bij het afscheid nemen van de therapie. Wat betekent dit voor de patiënten? Het kan nuttig zijn om aan te geven dat hier in sessie 18 ook nog een keer over gesproken kan worden.

Sessie 18

- De patiënten wordt gevraagd de inlegflappen schema ernstinschatting op te hangen en cijfers te geven voor ernst en mate van verandering (zie verder ▶ Sessie 1).
- Er volgt een groepsgesprek van ongeveer twintig minuten (zie ook vorige sessies). Er wordt stilgestaan bij het feit dat deze sessie de laatste is. Wellicht betekent dit niet alleen het einde van deze therapie, maar is verdere behandeling ook niet meer nodig, althans op dit moment. Wat roept dit feit op – angst, verdriet, boosheid? Met welk schema houdt het gevoel verband? Welke modi? De groepstherapeuten relativeren zo nodig de heftige gevoelens van groepsleden.
- Er volgt een korte evaluatie en er worden actiepunten benoemd voor de komende tijd waarin de patiënten geen therapie meer hebben, maar wel door kunnen gaan met veranderen. Er wordt aandacht besteed aan de bereikbaarheid van de groepstherapeuten, indien nodig, gedurende deze follow-upperiode. Welke plek krijgt de EHBO-koffer hierin?
- Daarnaast worden de patiënten uitgenodigd om een recept voor 'schema- en modisoep' ('hoe krijg ik last van schema's en modi?') samen te stellen waarin zij beschrijven hoe zij de schema's en modi kunnen oproepen. Zij worden uitgenodigd om zo veel mogelijk situaties, gedachten en gedragingen te bedenken die leiden tot triggering van hun schema's en modi. Dit ervaren patiënten vaak als een niet-bedreigende manier om in de laatste sessie toch met hun schema's, modi en de angst voor terugval bezig te zijn. Ze kunnen laten zien dat ze controle hebben over hun schema's en modi doordat ze zelf kunnen bepalen wanneer en hoe ze deze kunnen oproepen in plaats van dat ze hen 'bedwelmen' en zij de controle kwijt zijn.
- Een alternatief voor het 'schema- en modisoeprecept' is 'complimenten geven': ieder groepslid wordt gevraagd om zichzelf en een ander groepslid een compliment te geven over gezond gedrag dat hij zelf heeft toegepast en die ander heeft zien toepassen.
- Met iedere patiënt wordt besproken welke acties hij de komende maand gaat ondernemen.
- Tot slot noemen de groepstherapeuten de data voor de follow-upsessies.

Huiswerk voor de volgende keer

Zie ▶ Sessie 18 in *Werkboek kortdurende schematherapie: CGT-technieken*.

> **Tip**
> De patiënten kunnen ook in de groep een actiepunt/doel voor zichzelf en voor elkaar noemen waar zij de komende periode aan gaan werken. Hoe concreter dit actiepunt/doel is, hoe groter de kans dat het uitgevoerd wordt. Bespreek daarnaast wat de valkuilen zijn en ook hoe patiënten zichzelf kunnen belonen bij het behalen van het geformuleerde actiepunt/doel.

Follow-upfase

Follow-upsessie 1

- Deze sessie is een evaluatiemoment, géén therapiesessie!
- De groepssessie duurt maximaal een uur.
- De patiënten wordt gevraagd hoeveel last zij hebben gehad van hun schema's en modi en wat zij hebben gedaan om die te bestrijden. Welke technieken waren succesvol in dat gevecht? (Laat de patiënten die opschrijven.)
- Met elk groepslid wordt een afspraak gemaakt voor een individuele evaluatie van de behandeling.
- De vragenlijsten worden geïntroduceerd. Enkele weken voor de laatste follow-upsessie krijgen de groepsleden de SCL-90, de schemavragenlijst en de modivragenlijst thuis gestuurd. Gevraagd wordt of zij die ingevuld willen terugsturen, zodat de groepstherapeuten ze kunnen scoren en een eindevaluatie opstellen. Dit evaluatieverslag zal voorafgaand aan de tweede follow-up in een individueel gesprek worden besproken en in de tweede follow-upsessie ook in de groep.

> **Tip**
> Patiënten en groepstherapeuten gaan soms bij de eerste follow-up al denken aan vervolgtherapie en stellen dit aan de orde in de groep. Sta hier in deze eerste follow-upsessie niet te veel bij stil. Vaak veranderen patiënten ook nog gedurende de rest van de periode tot de laatste follow-up. Mogelijk gaan patiënten niet door met veranderingsprocessen als zij weten dat zij een vervolgbehandeling krijgen.

Follow-upsessie 2

- Deze sessie is het laatste evaluatiemoment! De groepsleden voeren, net als bij de tussentijdse evaluatie, voorafgaand aan de tweede follow-upsessie een individueel evaluatiegesprek van een half uur met een van de groepstherapeuten. Deze deelt de bevindingen van zijn onderzoek (evaluatie) mee en bespreekt met de patiënt hoe nu verder te gaan. In de groep delen de patiënten hun vooruitgang met elkaar en worden er ook ideeën uitgewisseld over stoppen of verdergaan met therapie.
- Er wordt naar de afsluiting van de behandeling toe gewerkt. Zo nodig kan een verband worden gelegd tussen wel of niet afsluiten van de therapie en schema's als Meedogenloze normen/overdreven kritisch, Emotionele verwaarlozing, Verlating/instabiliteit en Mislukking.
- De groepssessie duurt maximaal een uur.

Tip
Een idee is om te beginnen met de vraag wat goed is gegaan de afgelopen tijd. Hiermee komen patiënten in een positieve mindset.

Behandelprotocol SEPT

9.1 Korte inleiding – 68

9.2 Draaiboek behandelsessies – 68
9.2.1 Therapiefase 1 (sessie 1–3) – 68
9.2.2 Therapiefase 2 (sessie 4–15) – 69
9.2.3 Therapiefase 4 (sessie 16–18) – 73
9.2.4 Follow-upfase (19–20) – 75

© Bohn Stafleu van Loghum, onderdeel van Springer Media BV 2017
M. van Vreeswijk, J. Broersen, *Handleiding kortdurende schematherapie*,
DOI 10.1007/978-90-368-1547-5_9

9.1 Korte inleiding

Dit protocol beschrijft een kortdurende schematherapie van achttien sessies met twee follow-upsessies. Bij dit protocol hoort een specifiek werkboek voor patiënten: *Werkboek kortdurende schematherapie: experiëntiële technieken*. De bij het werkboek behorende huiswerkformulieren zijn te downloaden via extras.springer.com. Voor diagnostiek, effectmetingen en adviesgesprek wordt verwezen naar ▶H. 8 van dit boek. Een vergelijkbare werkwijze kan voor dit protocol worden toegepast.

Voor deze module ontvangt patiënt voorafgaand aan het adviesgesprek de vragenlijsten en een folder met uitleg over kortdurende schematherapie (bijlage 1). De patiënt wordt verzocht om als onderdeel van het diagnostisch proces de vragenlijsten vóór het adviesgesprek ingevuld in te leveren, zodat de uitkomsten in het adviesgesprek besproken kunnen worden. Deze vragenlijsten worden opnieuw ingevuld als patiënt hiervoor het SCGT-protocol heeft doorlopen. De uitkomsten van de vragenlijsten helpen om de focus in de behandeling verder aan te scherpen. In de adviesgesprekken wordt tevens uitleg geven over de inhoud van deze module en dat de interventies meer gericht zijn op het gevoelsleven en het verleden van patiënt. In deze fase kan een naastbetrokkene worden uitgenodigd. Zij vinden het vaak prettig om bij de behandeling te worden betrokken. Het is goed om voorlichting te geven over de therapieverwachtingen en de rol van de naastbetrokkene(n).

9.2 Draaiboek behandelsessies

In het draaiboek wordt uiteengezet wat er per therapiefase aan bod komt. Voor dit protocol wordt het programma niet van sessie tot sessie uitgeschreven. Dit heeft twee redenen: In het *Werkboek kortdurende schematherapie: experiëntiële technieken* zijn het programma en de technieken gedetailleerd beschreven. Wij willen herhaling voorkomen en vooral bepaalde accenten van de drie therapiefasen en de specifieke technieken belichten. Een andere reden is dat het verloop van de sessies deels overlapt met het behandelprotocol SCGT (zie ▶H. 7). Er wordt weliswaar gewerkt met andere schematherapietechnieken, het verloop van de sessie hebben echter veel met elkaar gemeenschappelijk.

9.2.1 Therapiefase 1 (sessie 1–3)

In deze fase staat kennismaking en het opbouwen van contact centraal (zie ook ▶H. 8). Er wordt psycho-educatie gegeven over modi en schema's. De schematechnieken in deze fase hebben als doel meer zicht te krijgen op de modi en schema's. Er wordt een start gemaakt met de experiëntiële technieken: het uitbeelden van schema's en modi, imaginatie-oefening gericht op de gezonde modi en een veilige plek oefening. Deze oefeningen staan uitgeschreven in het *Werkboek kortdurende schematherapie: experiëntiële technieken*.

Schema's en modi nog meer in beeld krijgen

Voor deze techniek zijn papier en stiften nodig. Bedenk dat er patiënten zijn die moeite hebben met het uitbeelden van schema's en modi. Het is goed om ze aan te moedigen en vooral te benadrukken dat het niet gaat om een perfecte tekening. In dit proces kan de schematherapeut de schema's (bijvoorbeeld Falen/mislukken, Defect/schaamte) en destructieve modi (bijvoorbeeld Straffende en Veeleisende ouder) benoemen.

Oefening imaginatie Gezonde volwassene/Blije kind en oefening Veilige plek

In zitting 3 staan twee oefeningen beschreven. De schematherapeut kan een keuze maken met welke oefening in de sessie wordt gewerkt. Een Veilige plek-oefening wordt door ons slechts een enkele keer tijdens een imaginatie met rescripting ingezet. In veel situaties voelt een patiënt zich tijdens de rescriptingfase gezien, veilig en geborgen. In dat geval is een Veilige plek-oefening niet nodig.

9.2.2 Therapiefase 2 (sessie 4–15)

De therapeutische relatie blijft in deze fase een belangrijk aandachtspunt. De therapeut heeft aandacht voor de schema's en modi die in het contact een rol kunnen spelen en zal waar nodig op een empatische wijze de patiënt confronteren. In deze fase worden experiëntiële technieken toegepast: diagnostische imaginatie, drieluik met jeugdfoto's, imaginatie met rescripting, historisch rollenspel en de meerstoelentechniek. De oefeningen zijn vaak gericht op situaties uit het verleden.

Vanaf zitting 14 is er expliciet aandacht voor de naastbetrokkenen. Denk hierbij aan de partner, de ouders en de kinderen.

Diagnostische imaginatie

In deze module is dit de eerste imaginatie die gericht is op het verleden. Voor sommigen kan deze techniek even wennen zijn. Leg deze techniek kort uit, waarbij de schematherapeut toelicht of hij zijn ogen wel of niet sluit tijdens deze oefening. Na deze techniek wordt gevraagd om een tekening te maken van wat de patiënt in de diagnostische imaginatie heeft ervaren. Papier en stiften zijn dan nodig.

> **Tip voor de groep**
> De oefening is voor de groep grotendeels hetzelfde. Er is echter één verschil. De diagnostische imaginatie wordt zo gegeven dat ieder groepslid deze oefening voor zichzelf kan ondergaan. Dit betekent dat tijdens de imaginatie niemand hardop kan zeggen in welke situatie hij als kind zit.
> Deze groepsimaginatie wijkt dus af van wat in individuele schematherapie gebruikelijk is; de therapeut stelt vragen en de individuele patiënt geeft antwoord op basis waarvan de imaginatie wordt bijgesteld door de therapeut. Dit is niet haalbaar bij een groepsimaginatie.

Drieluik van foto's uit jouw jeugd

Aan de patiënt wordt gevraagd tijdens de sessie een drieluik van de foto's te maken. Op een groot vel papier wordt gevraagd aan de linkerkant de foto te plaatsen, die met het Kwetsbare kind wordt geassocieerd. In het midden komt de foto, die symbool staat voor de Gezonde volwassene. Aan de rechterkant de foto die geassocieerd wordt met het Blije kind. Onder elke foto wordt tekst geschreven die bij de specifieke modus past. Het is belangrijk deze tekst in een ik-zin te laten schrijven die in de tegenwoordige tijd is geformuleerd. Bij de Gezonde volwassene mag ook een gedachte worden opgeschreven.

> **Tip voor de groep**
> Iedereen legt zijn drieluik op de grond verspreid in de ruimte neer. Na afronding van de drieluik loopt iedereen langs de drieluik van de andere groepsleden. Daarna volgt een uitwisseling van elkaars ervaringen.

Imaginatie met rescripting

Een valkuil van deze oefening kan zijn dat de schematherapeut doorgaat met rescripten, met als gevolg dat deze oefening lang duurt. De focus van rescripting kan aangescherpt en beperkt worden door te richten op een emotionele kernbehoefte die bij een specifiek schema hoort, zie ook Bijlage 1, tab. B.1.

In deze module wordt deze oefening niet meteen nabesproken, maar met een andere techniek wordt stilgestaan bij de ervaring die patiënt tijdens het rescripten heeft. Er worden twee stoelen neergezet, namelijk voor het Kwetsbare kind en de warme Gezonde volwassene. De stoel van de warme Gezonde volwassene staat tegenover de stoel van het Kwetsbare kind. De patiënt mag plaatsnemen in de stoel van het Kwetsbare kind en mag zijn ervaring delen met de warme Gezonde volwassene.

> **Tip voor de groep**
> De oefening is grotendeels hetzelfde, er zijn echter een paar verschillen. De imaginatie met rescripting wordt zo gegeven dat ieder groepslid deze oefening voor zichzelf kan ondergaan. Dit betekent dat er tijdens de imaginatie niemand hardop kan zeggen in welke situatie hij als kind zit. De schematherapeut moet tijdens deze rescripting zich richten op meerdere emotionele kernbehoeften. Op zo'n manier dat iedere deelnemer zich (deels) hierin herkent. Het helpt om bewust stil te staan bij de dominerende schema's van de groep en zich vervolgens te richten op de daarmee samenhangende emotionele kernbehoeften. Na deze oefening worden de stoelen neergezet van de Gezonde volwassene en het Kwetsbare kind. Het verschil is alleen dat er twee stoelen komen voor de Gezonde volwassene en dat een patiënt twee groepsleden vraagt om op die stoelen plaats te nemen. Deze groepsleden hoeven als warme Gezonde volwassenen alleen te luisteren en begrijpend, warm te knikken. Eventueel iets te zeggen als "Wij horen je. Wij zien je".

Historisch rollenspel

Deze techniek kan gebruikt worden om meer inzicht te krijgen in de eigen rol in het vroegere contact met de ouder of belangrijke ander (en hoe dat rolpatroon mogelijk ook nu nog een rolspeelt in de huidige relatie). Ook kan dit historisch rollenspel toegepast worden om meer duidelijkheid te krijgen waarom een ouder of belangrijke ander mogelijk op een bepaalde manier reageerde. Vaak heeft een ouder of belangrijke ander niet eens in de gaten gehad wat de impact was of was het niet eens zo specifiek tegen het kind gericht.

Begin eerst met een korte imaginatie die zich richt op situaties uit het verleden. Dit kan helpen om meer verbinding te krijgen met vroegere gebeurtenissen, die eventueel in een historisch rollenspel kunnen worden uitgespeeld.

Tip voor de groep
In de groep kan een groepslid of kunnen meerdere groepsleden de rol van de ander(en) spelen. De groepstherapeut ziet erop toe dat ieder groepslid duidelijke instructies krijgt. Per groepssessie is het streven dat drie groepsleden een historisch rollenspel uitspelen met tegenspelers uit de groep. In geval de groepstherapeuten minder ervaren zijn met deze techniek en deze techniek nog minder vaak in groepstherapie hebben toegepast, is het waarschijnlijk dat er minder groepsleden aan de beurt komen.

Algemene tips
Voor therapeuten is het belangrijk dat zij snel durven doorpakken en de situatie niet te lang voorbespreken, maar streven naar een snel durven uitproberen. Het historisch rollenspel wordt krachtiger wanneer de omgeving waarin het zich afspeelt met attributen zo veel mogelijk wordt nagebootst. Laat de patiënten ook allemaal in de tegenwoordige tijd spreken alsof het op dit moment (weer) gebeurt.

Meerstoelentechniek
Vanaf zitting 11 worden diverse meerstoelentechnieken uitgevoerd. Bij deze techniek is het van belang andere stoelen te gebruiken dan de stoelen waarin het therapiegesprek plaatsvindt. Voor de Straffende/Veeleisende ouder kan ook een prullenbak worden gebruikt in plaats van een stoel. Dit symboliseert de plek die de Straffende/Veeleisende ouder 'verdient'. De Straffende/Veeleisende ouder wordt vaak bij de deur geplaatst. De afstand tussen deze modus en de stoel van het Kwetsbare kind is groot.

Een andere meerstoelentechniek is de Gezonde volwassene die een brief voorleest aan het Kwetsbare kind. De stoel van de Gezonde volwassene staat tegenover de stoel van het Kwetsbare kind. In deze meerstoelentechniek leest de Gezonde volwassene een brief aan het Kwetsbare kind voor. Het schrijven van deze brief heeft patiënt in de vorige zitting als huiswerk meegekregen. Aan patiënt wordt meegegeven om tijdens het voorlezen van de brief zijn Kwetsbare kind aan te kijken. Nog krachtiger kan het worden als op de Kwetsbare kindstoel een spiegel wordt geplaatst en de patiënt in de spiegel kijkt bij het voorlezen van de brief. Vaak raakt dit emotioneel nog meer.

> **Tip voor de groep**
>
> In een paar meerstoelentechnieken wordt twee groepsleden gevraagd om de Gezonde volwassene te zijn. Ze vinden het prettig om deze rol niet alleen te hoeven doen, om die reden wordt er voor twee Gezonde volwassenen gekozen. Bij de meerstoelentechniek, waar de Gezonde volwassene een brief voorleest aan zijn Kwetsbare kindmodus, wordt naast de Gezonde volwassene aan beide kanten nog een stoel neergezet (zie de afbeelding). Aan beide zijden neemt nog een Gezonde volwassene plaats. De inbrenger mag twee groepsleden kiezen die zijn Gezonde volwassene steunen.
>
>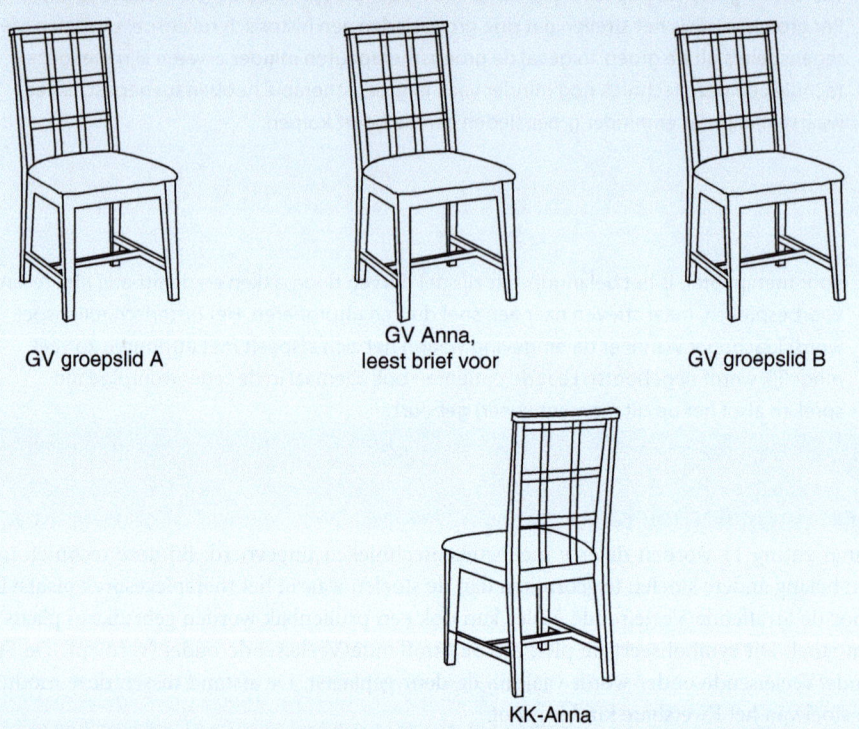
>
> Meerstoelentechniek in de groep waarbij de Gezonde volwassene een brief voorleest aan zijn Kwetsbare kind

De rol van modi in contact met de naastbetrokkenen

Vanaf zitting 14 wordt de focus meer op het heden gericht. Er wordt stilgestaan bij de modi en de wijze waarop deze een rol spelen in het contact met de naastbetrokkenen. Er wordt gevraagd om een sociogram te maken (zie afbeelding hierna in kader) en aan te geven hoe nabij de ander van zijn Kwetsbare kind staat. Daarbij wordt stilgestaan bij de behoeften in de (nabije) toekomst. De schematherapeut heeft voor deze zitting touw en vingerpoppetjes klaarliggen. Met touw worden er twee cirkels op de grond neergelegd. De patiënt mag vijf vingerpoppetjes in het sociogram op de grond plaatsen. De vingerpoppetjes zijn een representatie van vijf belangrijke anderen. In een andere zitting wordt gewerkt met rolomkering. Op deze wijze kan het effect van een modus in het contact worden ervaren. Als er kinderen als naastbetrokkenen aanwezig zijn, dan is het een advies om een situatie hierover uit te spelen.

9.2 · Draaiboek behandelsessies

Tip voor de groep

Als het sociogram (zie de afbeelding) op de grond wordt neergelegd, dan is het advies om enige tempo erin te houden. Het is belangrijk dat iedereen zijn sociogram kan neerleggen. Leg uit dat er maximaal 1 vraag gesteld mag worden aan een ander groepslid als het sociogram is neergelegd. Daarna mag een volgend groepslid zijn sociogram neerleggen. Er is meer ruimte voor vragen en reflectie als *iedereen* geweest is.

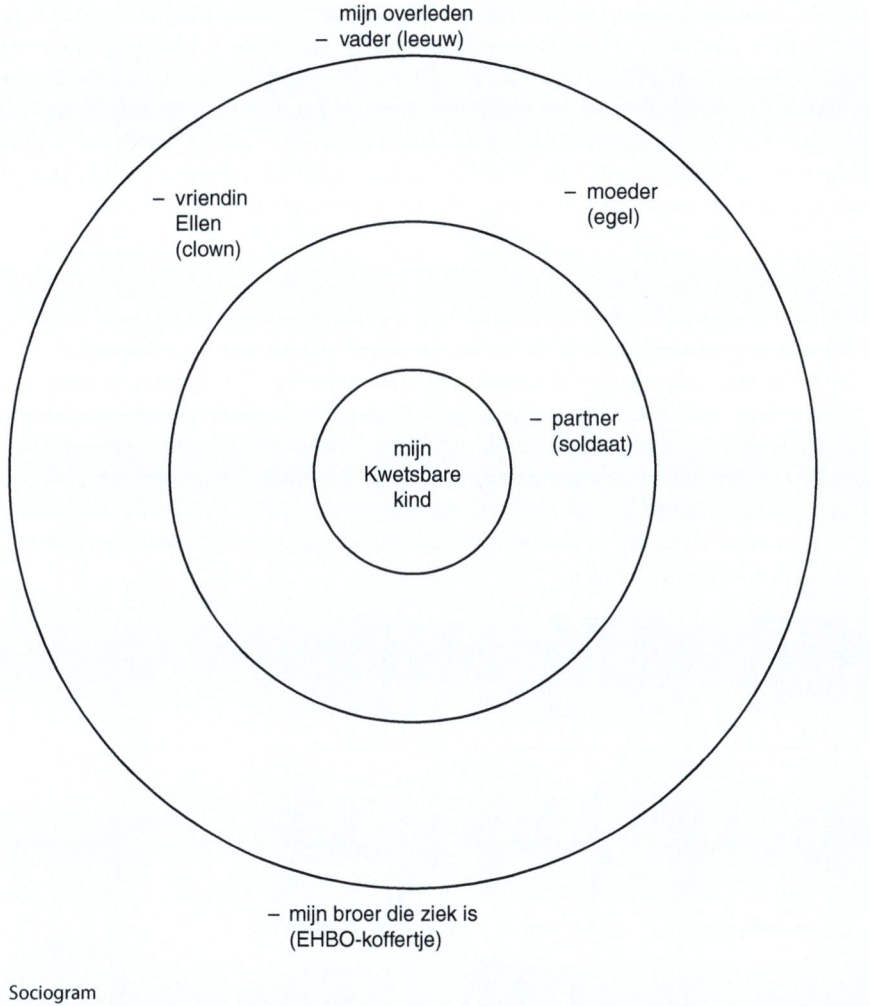

Sociogram

9.2.3 Therapiefase 4 (sessie 16–18)

Meerstoelentechniek

In deze therapiefase is er een meerstoelentechniek die zich richt op de Onthechte beschermer. Deze modus wordt niet weggestuurd. Er wordt op een respectvolle wijze contact met deze modus gemaakt. De stoel van deze modus staat naast de stoel van het Kwetsbare kind. Er wordt duidelijk gemaakt dat deze modus niet weg hoeft. Aan deze modus wordt gevraagd om een stap opzij te zetten zodat er even contact gemaakt kan worden met het Kwetsbare kind.

De laatste meerstoelentechniek in deze module is de vijfstoelentechniek (Van der Wijngaart; persoonlijke correspondentie) en past ons inziens mooi in de eindfase van deze module. Er worden drie stoelen naast elkaar neergezet (zie afbeelding in het kader hierna). Deze drie stoelen vertegenwoordigen de verschillende aspecten van de Gezonde volwassene, namelijk: (1) valideren van gevoel (Gezonde volwassene als emotionele steuner), (2) hoop geven en trots zijn (Gezonde volwassene die hoop geeft en trots is, (3) het wegsturen van de Straffende/Veeleisende ouder (Gezonde volwassene die de Straffende en Veeleisende ouder wegstuurt). Tegenover deze stoelen wordt een stoel neergezet van het Kwetsbare kind en er is een plek voor de Straffende/Veeleisende oudermodus. Deze modus wordt op voldoende afstand van het Kwetsbare kind gezet en bij voorkeur dicht bij een deur. De therapeut staat steeds naast patiënt om zo deze meerstoelentechniek te regisseren.

> **Tip voor de groep**
> Bij beide meerstoelentechnieken wordt twee groepsleden gevraagd de Gezonde volwassene te ondersteunen. Bij de Onthechte beschermer gaan de twee Gezonde volwassenen in gesprek met het Kwetsbare kind en vragen aan de Onthechte beschermer op een respectvolle manier even opzij te gaan. Bij de vijfstoelentechniek staan de twee Gezonde volwassenen achter de stoelen van de Gezonde volwassene. Als de inbrenger op een van de Gezonde volwassene stoelen zit en gesproken heeft, dan mogen deze twee Gezonde volwassenen ter ondersteuning nog wat zeggen tegen het Kwetsbare kind. Het is van belang dat een van de groepstherapeuten steeds naast patiënt staat zodat hij deze techniek goed kan begeleiden.

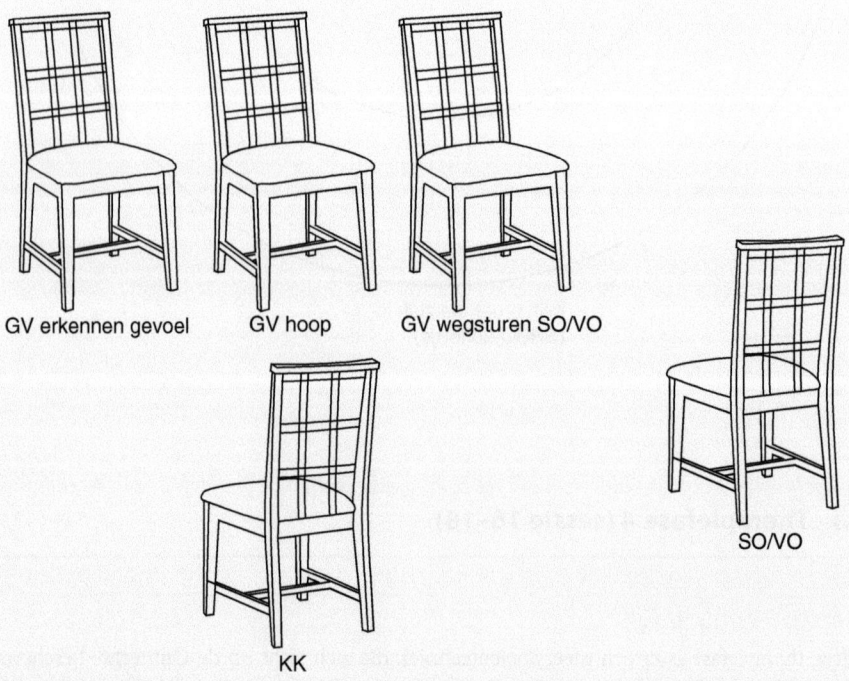

Vijfstoelentechniek

Signaleringsplan en naastbetrokkenen

In deze therapiefase ligt de focus meer op het hier-en-nu van de patiënt en de naastbetrokkenen. Naast erkenning geven voor het gemis en de worsteling in zijn leven besteedt de schematherapeut in deze fase veel aandacht aan het heden en de naastbetrokkenen. Schema's en modi kunnen in de eindfase van therapie tijdelijk wat toenemen. Patiënt en zijn omgeving kunnen zich hierover zorgen maken. Het is belangrijk psycho-educatie te geven over een eventuele tijdelijk toename van schema's en modi in de eindfase van therapie. Het maken van een signaleringsplan kan een hulpmiddel zijn. Ook het verder versterken van de Gezonde volwassene, die erkenning en hoop geeft, wordt vaak als steunend ervaren. Sta stil bij wat de patiënt aan zijn naastbetrokkenen kan uitleggen. Hoe kan hij hen geruststellen, hoop geven en het veilig voor ze maken? De naastbetrokkenen vinden het vaak fijn als zij op deze manier bij de therapie worden betrokken. Soms realiseert een patiënt zich tijdens de therapie dat hij relaties is aangegaan vanuit zijn schema's. Wanneer deze relaties niet kunnen veranderen dan kan het een gezonde keuze zijn om afscheid te nemen. Ook dit proces wordt met de patiënten besproken en gekeken wordt op welke manier er vanuit de Gezonde volwassene afscheid genomen kan worden van iemand.

Afscheid

Afscheid nemen gebeurt niet alleen in zitting 18, maar is een terugkerend onderwerp in de laatste therapiefase. Veel patiënten die schematherapie krijgen, worstelen levenslang met intimiteit en hechting. Het aangaan van contact kan gepaard gaan met angst, verzet en soms ook onverschilligheid. Het is daarom voor te stellen dat het verbreken van een therapeutische contact veel met de patiënt kan doen. In deze fase kan er veel gebeuren met een patiënt, dit geldt echter ook voor de therapeut (Hafkenscheid 2014). De therapeut kan vanuit zijn voorgeschiedenis worstelen met hechtingsproblematiek en kan hierdoor bijvoorbeeld geen afscheid nemen van de patiënt. Sommige therapeuten hebben deze problematiek niet en vinden het soms moeilijk zich aan te sluiten bij wat er in deze fase met een patiënt gebeurt. Voor de schematherapeut is het van belang kritisch stil te staan bij wat er met hemzelf en met de patiënt gebeurt. Intercollegiaal overleg kan hierbij helpend zijn.

> **Tip voor de groep**
> In zitting 18 geven de patiënten ansichtkaarten aan elkaar. Veel patiënten vinden het fijn om iets mee te nemen van de ander, zeker als zij elkaar minder frequent gaan zien. Iets van de ander met zich meekrijgen werkt als een *transitional object*. Er kan natuurlijk op een andere manier afscheid worden genomen, neem dan wel als afweging mee of dit met een transitional object kan worden gedaan.
> In geval er wordt gekozen voor een YouTube-filmpje moeten de groepstherapeuten ervoor zorgen dat zij over een laptop, geluidsboxen en een internetverbinding beschikken in de groepsruimte. Praktisch is het erg handig om de subgroepen een dag voor deze groepssessie de link naar de groepstherapeuten te laten mailen. De groepstherapeuten kunnen de links voor de groepssessie klaar zetten.

9.2.4 Follow-upfase (19–20)

In deze fase willen we benadrukken dat er geen gebruik wordt gemaakt van veranderingsgerichte technieken. De focus is gericht op het vasthouden van het behaalde resultaat. Voor de tweede follow-upsessie worden vragenlijsten afgenomen en patiënt krijgt een terugkoppeling van de testresultaten. Er wordt stilgestaan bij de behaalde resultaten. Besteed verder aandacht aan een onderhoudsplan waarbij de patiënt een naastbetrokkene kan vragen om regelmatig zijn proces te evalueren. Tip is vooral deze evaluatiemomenten met een naastbetrokkene het komend jaar te plannen zodat het evalueren, ook na het beëindigen van therapie, een blijvend proces blijft.

Valkuilen en tips

10.1 Algemene valkuilen in kortdurende schematherapie – 78

10.2 Specifieke valkuilen in individuele kortdurende schematherapie – 79

10.3 Specifieke valkuilen in kortdurende schemagroepstherapie – 80

© Bohn Stafleu van Loghum, onderdeel van Springer Media BV 2017
M. van Vreeswijk, J. Broersen, *Handleiding kortdurende schematherapie*,
DOI 10.1007/978-90-368-1547-5_10

10.1 Algemene valkuilen in kortdurende schematherapie

Er zijn diverse valkuilen waar de therapeut bij het geven van een SCGT(-g) en SEPT(-g) voor moet oppassen. Allereerst moet hij zich bewust zijn van eigen schema's, schemagedrag en schemamodi. Een therapeut met het schema Meedogenloze normen/overdreven kritisch en de modus Veeleisende ouder zal al gauw te veel van de patiënten vragen, tenslotte 'moet' er toch vooruitgang zijn en 'moet' de patiënt zich houden aan de werkwijze van dit protocol. Is de therapeut zich bewust van de eigen schema's en modi, dan voorkomt dat al veel problemen.

Verder is het belangrijk dat de therapeut zowel in de kennismakingsfase als aan het einde van de therapie een actieve en soms ook directieve houding aanneemt. Een empathische, actieve houding stimuleert de patiënten tot het aangaan van een werkrelatie met de therapeut. Voor sommige patiënten is dit de eerste keer dat iemand zo betrokken en actief met hen bezig is. Dit kan echter ook heel bedreigend zijn. De therapeut kan dit bespreekbaar maken. De therapeut wordt ook aangeraden aan de patiënt uit te leggen hoe de verschillende fasen in het therapieproces over het algemeen verlopen. Transparantie van de therapeut en psycho-educatie zijn belangrijke manieren om het veranderingsproces bij de patiënt op gang te brengen.

Sommige patiënten geven aanvankelijk te kennen zich helemaal te kunnen vinden in de bevindingen die de therapeut op basis van de vragenlijsten en het dossier heeft opgenomen in het onderzoeksverslag. Een of twee sessies later kunnen ze echter aangeven het er helemaal niet mee eens te zijn, of wel tien andere schema's en modi belangrijker te vinden. Hoewel het belangrijk is om de zienswijze van de patiënt te respecteren, is het niet aan te raden de eigen bevindingen dan meteen aan te passen: blijf de drie schema's en modi hanteren die in het kennismakingsgesprek zijn vastgesteld. Vertel de patiënt dat de schema's en modi zo nodig bij de tussentijdse evaluatie kunnen worden bijgesteld; daar is die ook voor bedoeld. Leg verder uit dat niet iedereen zich in het begin even goed bewust is van al zijn schema's en modi en dat dat een normaal verschijnsel is. Nodig patiënten uit om het even aan te zien. Bijna alle patiënten kunnen zich een à twee sessies later weer vinden in de eerste drie gevonden schema's en modi. Ga in geen geval met de patiënt een discussie aan over het vermijdingsgedrag dat hij nu wellicht vertoont. Hoewel het hier misschien wel op neerkomt, is de werkrelatie in het begin van de therapie vaak nog niet stevig genoeg om tegen zulke confrontaties bestand te zijn.

Sommige patiënten geven aan geen ernstcijfer aan hun schema's of modi te kunnen geven omdat de schema's en modi voortdurend aanwezig zijn. Maak dan duidelijk dat zij er op den duur wel toe in staat zullen zijn en vraag hun voor het zover is te proberen om toch steeds een cijfer te geven.

Ook zijn sommige patiënten geneigd om hun structurele veranderingscijfers op bepaalde momenten naar beneden aan te passen als gevolg van een (negatieve) gebeurtenis die ze hebben meegemaakt en waarvan ze veel last hebben gehad. Aanpassen van structurele veranderingen/verbeteringen is niet toegestaan. In plaats daarvan wordt met deze patiënten gekeken of er werkelijk sprake is van een structurele achteruitgang of eerder van een tijdelijke terugval; tenslotte hebben ze inmiddels al veel kennis opgedaan over schema's en modi en herkennen ze hun schema's en modi ook al (wat) gemakkelijker. Dat is op zichzelf al vooruitgang. Leg uit dat iedereen in zijn leven tegenslagen heeft, die gepaard gaan met het gevoel dat alles tegenzit, maar dat dit precies het schemabevestigende mechanisme is dat door het schema in werking wordt gezet als (laatste) redmiddel om stand te houden. Nodig deze patiënten vervolgens op empathische wijze uit om te kijken of er iets is wat ze deze keer anders hebben gedaan dan ze vroeger zouden hebben gedaan, toen ze nog niet aan deze therapie waren begonnen. Benadruk ook (herhaaldelijk) dat verandering tijd kost en dat zelfs na de kortdurende schematherapie nog gewerkt moet worden aan schemaverandering. Met patiënten die hun structurele schemaverandering gedurende meerdere therapiesessies helemaal niet invullen (in het ergste geval: deze op 0 houden) volgt een confrontatie. Vaak ligt aan dit niet-veranderen angst ten grondslag. Sommige patiënten zijn bang dat zij, als zij een verandering opschrijven, die niet zullen kunnen volhouden (bijvoorbeeld vanuit het schema Mislukking). Dit magisch denken alsmede de angst om verantwoordelijkheid te nemen worden door de therapeut uitgedaagd.

10.2 Specifieke valkuilen in individuele kortdurende schematherapie

In een kortdurende individuele schematherapie kan het een valkuil zijn om te lang in gesprek te blijven zodat er geen tijd meer is om een schematechniek toe te passen. Dit kan samenhangen met vermijdinggedrag van de therapeut. De schema's en modi van de patiënt kunnen echter ook een rol spelen. Zie onderstaand voorbeeld.

> **Individuele schematherapie: experiëntiële technieken (SEPT)**
>
> Judith is afgelopen weekend heel boos geweest. In de tiende sessie van haar individuele schematherapie (SEPT) deelt zij hierover. Het zit haar hoog en tegelijkertijd is zij trots. Zij heeft haar woede kunnen beheersen en is niet tegen haar vriendin uit haar dak gegaan. Ook deelt zij over andere gebeurtenissen. Voorgaande keer is Judith niet op therapie verschenen. De therapeut worstelt met het wel/niet voorstellen van een historisch rollenspel. Zij besluit het toch te doen en onderbreekt Judith. Het voelt wat kunstmatig, echter Judith heeft in eerdere sessies gezegd dat het ondergaan van een schematherapietechniek bij haar juist goed werkt. Het praten is voor haar een manier om emoties te vermijden.

Bij een individuele schematherapie kan de therapeut zich mogelijk alleen voelen staan. In geval van crisis en destructief gedrag kan de schematherapeut belast raken en niet meer toekomen aan de schematherapie. Het helpt om samen met de patiënt te onderzoeken hoe de schema's en modi samenhangen met de crisis en het destructief gedrag. Soms wordt door de ernst hiervan niet meer de verbinding gemaakt met de schema's en modi. Verder kan het nodig zijn om het behandelteam van de patiënt te vergroten. Schema's en modi van de therapeut kunnen ervoor zorgen dat er niet tijdig hulp van collega's wordt ingeschakeld. In geval er een individuele schematherapie gegeven wordt, kan ook een andere collega ingezet worden die patiënt regelmatig ziet en aandacht geeft aan een ander specifiek behandeldoel.

Het beëindigen van een individuele schematherapie kan een taai proces zijn voor de therapeut en de patiënt, zeker als het om een langer durende therapie gaat. Bepaalde schema's kunnen dit proces nog verder bemoeilijken. Een patiënt met het schema Afhankelijkheid/incompetentie zal in de eindfase van therapie meer afhankelijk gedrag laten zien en het schema zorgt ervoor dat de patiënt geen vertrouwen heeft dat hij in zijn leven zonder therapie kan. Voor de therapeut is het vaak een uitdaging om toch het therapieproces te beëindigen en niet met dit schema mee te gaan. Het schema Emotionele verwaarlozing kan op een ander manier het beëindigen van therapie lastig maken. Vanuit de hechtingsproblematiek van patiënt kan het zich losmaken van de therapeut oude patronen oproepen.

10.3 Specifieke valkuilen in kortdurende schemagroepstherapie

Vooral in het begin van de kortdurende groepstherapie kunnen patiënten aangeven dat zij de informatie die van anderen tot hen komt niet aankunnen en er thuis veel aan moeten denken. Wees voorzichtig met het geven van handvatten voor het omgaan met dit piekeren over de therapie: de patiënten komen er na verloop van tijd zelden op terug. Niet meer dan een luisterend oor werkt vaak beter.

Het komt geregeld voor dat patiënten vergeten hun eigen inlegflap schema/modus mee te nemen naar de therapiesessie. Het is dan ook handig als er altijd voldoende lege inlegflappen beschikbaar zijn, zodat patiënten daarop hun schema's, modi en ernstcijfers opnieuw kunnen opschrijven. Zo wordt voorkomen dat een patiënt een uitzonderingspositie krijgt in de groep, omdat hij net als alle andere groepsleden aan moet geven wat er qua schema's/modi is gebeurd. Wordt de inlegflap schema/modus vaker in de therapie vergeten, dan kan dit gedrag ook besproken worden als mogelijk voorbeeld van schemavermijding.

Wanneer de patiënten in de groep zich aan elkaar gaan hechten, ontwikkelt zich gaandeweg een groepscultuur met een eigen dominante manier van omgaan met de schema's en modi. Zo kan er een schemavermijdende, schemabevestigende of schema-overcompenserende groep ontstaan.

De schemavermijdende groep kenmerkt zich door veel praten over alledaagse zaken, soms over schema's en modi, maar weinig over bijbehorende emoties. Het is een groep waarbij de groepstherapeuten ervoor moeten oppassen dat zij niet 'meegaan in' de vermijding of dat zij niet zelf hard aan het werk gaan en de groep op sleeptouw nemen. Bij dit type groepscultuur is het van belang de groepsleden empathisch te confronteren met hun schemavermijding en weer verantwoordelijk te maken voor de therapievoortgang. Er kan bijvoorbeeld ook door de groep een voor- en nadelenanalyse van schemavermijding worden gemaakt.

Is er een schemabevestigende groepscultuur, dan zullen de groepstherapeuten merken dat de neiging bestaat om de therapeutische interventies te zien als een reactie op falen van de groep en het gelijk van schema's en modi. Soms lijkt het wel of elk woord van de groepstherapeuten op een goudschaaltje wordt gelegd en conform een schema/modus wordt geïnterpreteerd. De therapeuten kunnen hier het best op reageren door aan te geven dat beide waar zijn: enerzijds klopt het wanneer het schema 'zegt' dat er gebeurtenissen zijn die het schema en de modus bevestigen, maar anderzijds zijn er vast ook voorbeelden te vinden die het schema en de modus tegenspreken. De groepstherapeuten helpen de patiënten vervolgens bij het leren zoeken naar gebeurtenissen die een schema en modus tegenspreken. Hierbij kan 'informatie verzamelen' als techniek worden ingezet, die door de gehele groep wordt toegepast. Bij de techniek 'informatie verzamelen' wordt in dit geval de nadruk gelegd op situaties die patiënten vroeger in groepen hebben meegemaakt en die zij nu in de therapiegroep meemaken.

In een groep waar schema-overcompensatie de groepscultuur is, willen de patiënten vaak harder werken en meer en sneller technieken aangeboden krijgen om hun schema's en modi aan te pakken. Hoewel dit in eerste instantie erg verleidelijk is, luidt het advies toch om hier niet in mee te gaan en de groep juist af te remmen. Complimenteer de groep wel met het feit dat ze graag aan de slag willen met het veranderen van hun schema's en modi, maar leg uit dat verandering tijd kost. Achterhaal wat de reden is voor het (te) hard willen werken; vaak ligt er angst en/of verdriet aan ten grondslag (wat niet gevoeld mag worden). Dit bespreken en consequent blijven in het tegenhouden en/of afremmen van het overschreeuwende gedrag leidt uiteindelijk tot een rustiger en adequater manier van veranderen.

Hoe om te gaan met afwezigheid van groepsleden of een van de groepstherapeuten? Patiënten met persoonlijkheidsproblematiek hebben vaak moeite met hechting. De afwezigheid van een groepslid of groepstherapeut kan al snel een schema als Verlating/instabiliteit of Emotionele verwaarlozing triggeren. Het is voor patiënten dan ook belangrijk als aan het begin van een groepssessie meteen duidelijk wordt gezegd dat een groepslid niet aanwezig zal zijn (wegens ziekte bijvoorbeeld). Komt een groepslid niet opdagen en is niet bekend waarom, dan doen de groepstherapeuten er goed aan mee te delen dat er contact wordt opgenomen met het afwezige groepslid met de vraag naar de reden van afwezigheid en dat de verwachting zal worden uitgesproken dat hij er de volgende sessie weer bij zal zijn. Daarnaast zal het afwezige groepslid gevraagd worden om voorafgaand aan de eerstvolgende sessie de dvd-opname van de gemiste sessie te bekijken, om toch in het groepsproces te kunnen blijven. Dat geldt ook bij eventuele afwezigheid van een van de groepstherapeuten. Voor patiënten is een actieve benadering van afwezigheid door de groepstherapeuten een blijk van de betrokkenheid van de 'ouders' die tegelijkertijd ook verantwoordelijk zijn voor de groepsleden. Patiënten nemen zo minder snel oude gezinsrollen van parentificatie aan. Daarnaast kan het belangrijk zijn om met de groep te bespreken wat de afwezigheid van een groepslid oproept qua schema's en modi. Dit vergroot de kans op een correctieve emotionele ervaring van oude kerngezinsproblematiek in het hier-en-nu.

Een valkuil bij het werken met een cotherapeut binnen een SCGT-g en SEPT-g is dat patiënten buiten de sessies hun 'lievelingstherapeut' gaan bellen of mailen en vragen om een bijzondere behandeling, bijvoorbeeld later mogen komen omdat ze eerst nog wat anders moeten doen. Indien patiënten buiten een sessie om een van de groepstherapeuten opbellen, is het aan te raden dat de betreffende groepstherapeut altijd zegt de reden van het bellen met zijn collega te bespreken en dat van de patiënt verwacht wordt dat deze ook in de groep melding maakt van het contact dat buiten de groep heeft plaatsgevonden. Zo wordt de kans op splijting tussen de groepstherapeuten zo klein mogelijk gehouden en ontstaan er minder snel 'verbondjes' met een van de groepstherapeuten.

Andere valkuilen van cotherapie die veel in de literatuur worden genoemd (Maas 1994; Hubert 1994) zijn jaloezie, rolverwerking, competitie en competentiestrijd tussen de cotherapeuten. Cotherapeuten moeten zich bewust zijn van de eigen behoefte aan erkenning. Zij moeten dan ook beiden bereid zijn om frustraties en conflicten hierover met elkaar te delen. Dat creëert voor de groep een veilig klimaat, waarin negatieve overdrachtsgevoelens doorgewerkt kunnen worden (Hubert 1994).

Tegen het einde van de therapie vervallen patiënten vaak weer in oud schemagedrag en oude inadequate modi. Zij vermijden het liefst het doen van rollenspelen en willen in plaats daarvan veel praten over de schema's en hun schemagedrag. Emoties worden ook steeds minder benoemd. Het is goed dit, en ook de functie ervan, met de patiënten te bespreken. Nodig ze uit om vooral actief te blijven meedoen en niet te vluchten in alleen maar 'praten over'.

Sommige patiënten hebben de gewoonte om pas aan het einde van een therapiesessie hun mond open te doen en op het laatste moment nog een *cliffhanger* te introduceren. In veel gevallen kan zo'n cliffhanger gemakkelijk worden afgedaan met het advies aan de patiënt om er de volgende sessie zelf nog een keer op terug te komen, omdat het nu toch echt tijd is om te stoppen. Maar het is wel heel lastig wanneer de patiënt aan het einde van de sessie aangeeft te overwegen om zichzelf te gaan beschadigen of zelfmoord te plegen. Ook dan blijft het echter belangrijk dat de groepstherapeuten de veiligheid van het groepsklimaat en van de individuele patiënten bewaken door op tijd te stoppen. Het is op zo'n moment het beste om als groepstherapeut duidelijk aan te geven het belangrijk te vinden wat de patiënt vertelt, maar dat vanwege zijn veiligheid en de veiligheid van de groep toch echt op tijd gestopt moet worden. Voeg eraan toe de patiënt graag nog even individueel te willen spreken over wat hij heeft gezegd, om afspraken te maken voor het bewaken van zíjn veiligheid en die van de overige groepsleden. Spreek tegenover de groep expliciet uit dat groepstherapeuten verantwoordelijk te zijn voor het welzijn van de patiënten. De patiënten hoeven zich dus niet verantwoordelijk te voelen om na de sessie nog te gaan 'doorbehandelen' met de betrokken patiënt. Benoem zo nodig ook expliciet het fenomeen van schematriggering. Met de betrokken patiënt maken de groepstherapeuten in een individueel gesprek afspraken over de suïcide- of automutilatiedreiging. Zo mogelijk wordt ook besproken waaróm de patiënt dit onderwerp pas aan het einde van de sessie naar voren heeft gebracht en wat hij denkt dat het effect ervan is geweest op de overige groepsleden. Dit aanspreken op gedrag wordt niet op een verwijtende manier gedaan, want dan ligt triggering van schema's als Minderwaardigheid/schaamte, Meedogenloze normen/overdreven kritisch of Emotionele verwaarlozing op de loer. Het is de vraag of de patiënt de volgende keer dan nog wel kenbaar maakt zelfmoord of zelfbeschadiging te overwegen. Daarnaast dient de patiënt ook nu weer gestimuleerd te worden om het besprokene ook met de groep te delen.

Slotbeschouwing

Zowel het SCGT- als het SEPT-protocol richt zich op een brede groep van patiënten die last heeft van schema's en modi. Patiënten met persoonlijkheidsproblematiek en patiënten met een persoonlijkheidsstoornis kunnen met beide protocollen behandeld worden. De protocollen kunnen los van elkaar gegeven worden of aanvullend achtereenvolgend. Dat betekent niet dat patiënten in alle gevallen uitbehandeld zijn na afloop van een protocol of beide protocollen. Patiënten met ernstige/hardnekkige persoonlijkheidsproblematiek zullen mogelijk meer therapie nodig hebben. Mogelijkheden voor deze patiënten zijn de Linehan-training, Mentalisation Based Therapy (MBT), de VERS-training en een aanvullende schematherapie, alsmede een steunend structurerend contact. Het is echter beslist niet wenselijk onbeperkt therapie te blijven geven. Patiënten willen soms méér therapie, maar het is aangetoond dat patiënten na een kortdurende psychotherapie gericht op persoonlijkheidspathologie zelfstandig kunnen doorgaan met het doorvoeren van veranderingen in hun leven en daarmee hun interpersoonlijk functioneren kunnen verbeteren en hun persoonlijkheidsproblemen oplossen (zie o.a. Svartberg et al. 2004).

In beide protocollen wordt voor de diagnostiek vooral gebruikgemaakt van vragenlijsten. Het intakeverslag en onderzoeksdossier zijn aanvullende bronnen voor het bepalen of een patiënt geschikt is voor deze behandeling. Ook het bepalen van de drie schema's en modi gebeurt voor een groot deel op basis van de uitkomsten van de vragenlijsten. Hoewel dit de snelste methode is om geschiktheid voor behandeling te bepalen en een behandelfocus vast te stellen, is het altijd verstandig deze regel niet star te hanteren, maar mede te beslissen op basis van klinische deskundigheid. Zo is het bijvoorbeeld niet zeker dat patiënten die (zeer) laag scoren op de schema- en modivragenlijst geen last hebben van schema's en modi. Young (2003) gaat ervan uit dat die patiënten dan zeer waarschijnlijk gevallen van schemavermijding toepassen. Wil de patiënt baat hebben bij dit protocol, dan moeten therapeut en patiënt eerst aandacht besteden aan dit schemavermijdende gedrag. Mogelijk zijn andere therapeutische technieken nodig om de patiënt bewuster te maken van de schema's en modi. In deze fase kan gedacht worden aan het toepassen van experiëntiële technieken zoals diagnostische imaginatie (Weertman 2012) en het toepassen van schemagerichte mindfulnesstechnieken (Vreeswijk van et al. 2009). Pas dan valt toelating tot een van deze protocollen opnieuw te overwegen.

Voor een goedlopende en effectieve SCGT-g en SEPT-g is meer nodig dan therapeutische technieken. Onderzoek van Hoffart en Sexton (2002) laat zien dat optimisme een belangrijke bijdrage levert aan vermindering van de schema's en de ervaren klachten. Optimisme van de patiënt voordat de sessies beginnen, blijkt een belangrijke positieve voorspeller te zijn voor de mate waarin de patiënt aan het einde van de sessie nog gelooft in de schema's, voor het inzicht van de patiënt, voor de mate waarin hij zich begrepen voelt door de therapeut en voor het optimisme van de therapeut. Daarnaast lijken de resultaten (Hoffart en Sexton 2002) er ook op te wijzen dat investeren in een empathische houding tegenover de patiënt gedurende de hele therapie van belang blijft.

Bijlagen

Bijlage 1 Patiëntenfolder kortdurende schematherapie: groepstherapie en individuele therapie – 86

Bijlage 2 Screeningslijst schemacopingstijlen – 98

Bijlage 3 Samenvatting testonderzoeksresultaten kortdurende schematherapie – 100

Bijlage 4 Schema ernstinschatting/modus ernstinschatting – 102

Bijlage 5 De Refamilyingschaal – 103

Literatuur – 106

Alle bijlagen zijn te downloaden via extras.springer.com. Toets daar het ISBN-nr. in: 978-90-368-1546-8

© Bohn Stafleu van Loghum, onderdeel van Springer Media BV 2017
M. van Vreeswijk and J. Broersen, *Handleiding kortdurende schematherapie*,
DOI 10.1007/978-90-368-1547-5

Bijlage 1 Patiëntenfolder kortdurende schematherapie: groepstherapie en individuele therapie

Schematherapie

In deze folder gaan we in op schematherapie: voor groepstherapie en individuele therapie.[1] We besteden aandacht aan de vraag voor wie deze vorm van therapie geschikt is, wat de therapie precies inhoudt, welke technieken er gebruikt worden, welke fasen de therapie kent en welke regels er worden gehanteerd. Ten slotte gaan we in op enkele valkuilen en tips.

Voorbeeld schemagroep

Anna volgt een schemagroepstherapie met nog acht andere mensen. Ze zijn nu voor de tweede keer bij elkaar. In de vorige therapiesessie hebben ze zich aan elkaar voorgesteld en iets verteld over waar ze tegenaan lopen in hun leven. Zo hebben zij gesproken over de valkuilen waar ze regelmatig in stappen. De twee groepstherapeuten nodigen de groepsleden uit om iets te vertellen over hoe zij de vorige sessie hebben ervaren en hoe het de afgelopen week is gegaan. Anna durft nog niet zo goed als eerste iets te zeggen. Zij is bang dat anderen haar stom vinden (schema Minderwaardigheid/schaamte), maar aan de andere kant vindt ze ook dat ten minste één iemand iets moet zeggen. Therapietijd moet wel nuttig besteed worden (schema Meedogenloze normen/overdreven kritisch). De angst voor reacties uit de groep overheerst bij Anna, en zij probeert zich onderdanig en zo onzichtbaar mogelijk op te stellen (modus Willoze inschikkelijke). Een van de groepstherapeuten ziet Anna worstelen en nodigt haar vriendelijk uit om iets te zeggen over wat er in haar omgaat.

Voorbeeld individuele schematherapie

Jeroen heeft nu twee sessies individuele schematherapie gehad. Hij merkt dat hij de neiging voelt om de therapieafspraak af te zeggen. Dit heeft de schematherapeut in het voortraject ook zo met hem besproken en voorspeld. Het schema Gebrek aan zelfcontrole/zelfdiscipline wil niet geconfronteerd worden met negatieve emoties en frustraties. De schematherapeut nodigt Jeroen uit om meer te vertellen over zijn neiging niet naar therapie te willen komen en vraagt aan Jeroen of hij het patroon van vermijden herkent. De therapeut vraagt door met een milde en nieuwsgierige houding, waardoor Jeroen ook het gevoel heeft dat hij niet wordt veroordeeld. In zijn binnenwereld worstelt hij al sterk genoeg met zijn straffende kant.

---

1 Schemagroepstherapie wordt op verschillende manieren uitgevoerd. Er kan sprake zijn van een kortdurende schemagroepstherapie met een vast aantal sessies. Het kan ook zijn dat de duur van de behandeling van tevoren nog niet vaststaat. In sommige instellingen worden groepstherapieën gegeven waarin je op verschillende momenten kunt instromen, terwijl bij andere schemagroepstherapievormen je allemaal tegelijk start en tegelijk eindigt. De groepstherapeut bespreekt dit voorafgaand aan de start van de therapie.

Bijlage 1 Patiëntenfolder

Voor wie is schematherapie geschikt?

Iedereen heeft een bepaalde manier waarop hij of zij kijkt naar zichzelf, de ander en de wereld om zich heen. Wanneer dit leidt tot langdurige vaste patronen van voelen, denken en handelen kun je spreken van een gevoelige snaar (= schema). De meeste mensen hebben meerdere gevoelige snaren/schema's (zie ◘ tab. B.1 in deze folder), die van tijd tot tijd tegelijk kunnen opspelen. Zo kun je bijvoorbeeld vanuit het schema Meedogenloze normen/overdreven kritisch voortdurend het idee hebben dat alles altijd beter moet en dat ook andere mensen zich moeten houden aan de hoge normen en waarden die jij hanteert. Dit kan ertoe leiden dat je nooit tevreden bent over wat je hebt bereikt en dat andere mensen in jouw ogen regelmatig iets fout doen, wat vervolgens weer kan zorgen voor meer irritatie. Wanneer een of meer schema's 'getriggerd' (opgeroepen) worden, kun je in een bepaalde gemoedstoestand (modus) terechtkomen (zie het voorbeeld van Anna). Een modus (zie ◘ tab. B.2 voor een overzicht van de modi) kenmerkt zich door bepaalde (intense) emoties en bepaalde gedragingen. In het voorbeeld van Anna is het schema Minderwaardigheid/schaamte getriggerd. Zij reageert vervolgens vanuit de modus de Willoze inschikkelijke. Zij onderdrukt haar emoties en behoeften en hoopt goedkeuring van anderen te krijgen door volgzaam te zijn. Veel schema's en modi zijn in de (vroege) jeugd ontwikkeld in contact met andere mensen. Schematherapie kan een goede behandeling zijn wanneer het je al langere tijd niet goed lukt om met je gevoelige snaren en gemoedstoestanden om te gaan en je hierdoor problemen hebt gekregen met relaties, je werk of studie, en klachten hebt die steeds terugkomen. Schematherapie kan helpen om de specifieke emotionele kernbehoefte (zie ◘ tab. B.3 in deze folder) die bij een schema hoort voor jezelf expliciet scherp te krijgen, zodat je in de relatie met jezelf en in relaties met anderen hier beter voor kunt zorgen.

Schemagroepstherapie of individuele schematherapie?

In schematherapie leer je je bewust te worden van je gevoelige snaren. Onderzoeken en ervaren wat er gebeurt in het contact met anderen zijn belangrijke aspecten van de behandeling. Sommige mensen krijgen individuele schematherapie, anderen krijgen schemagroepstherapie. Voor veel mensen is het door hun gevoelige snaren namelijk moeilijk hun behoeften aan te geven en open te zijn over hun emotionele binnenwereld. In een schemagroepstherapie kun je nog op een andere wijze leren hier anders mee om te gaan. Door te delen wat er in je omgaat en hoe schema's en modi in contact met de andere groepsleden bij jou worden opgeroepen, krijg je de gelegenheid om in een veilige therapeutische omgeving nieuwe ervaringen op te doen. Er wordt zorgvuldig bekeken welke vorm van schematherapie bij jouw problemen aansluit.

Therapeutische technieken in de schematherapie

Therapeutische relatie (en contact met groepsleden)

Binnen schematherapie geldt het leren aangaan van een gezond contact met de therapeut als een van de belangrijkste aspecten van het veranderingsproces. In een schemagroep gaat het om het contact met de twee groepstherapeuten en de groepsleden. Voor sommige mensen hoort hierbij de uitdaging om hun gevoelens meer te delen met anderen (bijvoorbeeld bij mensen met het schema Emotionele geremdheid). Voor anderen is het belangrijk dat zij milder worden voor zichzelf en de ander (bijvoorbeeld bij mensen met het schema Meedogenloze normen/overdreven kritisch en/of Emotionele verwaarlozing). Meer openstaan voor de mening van anderen en minder vanuit zichzelf reageren (bijvoorbeeld bij mensen met het schema Zich rechten toe-eigenen) kan een ander leerdoel zijn. In de schematherapie leer je van elkaar door stil te staan bij wat er in contact gebeurt. Samen geef je elkaar feedback. Dit doen we altijd op een respectvolle en uitnodigende manier.

Cognitieve technieken

Manieren die gericht zijn op verandering van het (zwart-wit-)denken worden ook wel cognitieve technieken genoemd. Met deze technieken leer je bijvoorbeeld de voor- en nadelen van je schema's en modi in kaart te brengen en ga je onderzoeken welke feiten vóór je schema's pleiten en welke feiten tegen. De leden van de groep kunnen je hierbij helpen. Het is vaak gemakkelijker voor een buitenstaander om je op een blinde vlek te wijzen.

Gedragsmatige technieken

In een rollenspel speel je een situatie na waarin je schema's en modi zijn getriggerd. Anderen kunnen je helpen jouw gedrag in deze situatie te veranderen. Daarnaast krijg je huiswerkopdrachten die je helpen om in je eigen leefomgeving iets te gaan doen wat je door je gevoelige snaren niet zo snel zou doen.

Experiëntiële technieken

Technieken die meer gericht zijn op je gevoel (= experiëntieel) bestaan uit het doen van een geleide fantasie waarin je wordt gevraagd om een imaginair beeld van een veilige plek te creëren. De oefening kan ook gericht zijn op het verleden. In dat geval word je uitgenodigd om een situatie van vroeger op te halen waarin je schema's en modi gevormd zijn. Vaak helpen deze oefeningen om meer begrip voor jezelf en het ontstaan van je gevoelige snaren te krijgen. Vervolgens leer je in deze herinnering je kwetsbare kant te helpen. Voor het werken aan je pijnlijke (vroege) herinneringen kunnen ook technieken als (historisch) rollenspel of meerstoelentechniek worden gebruikt.

Voorbeeld schemagroep

Wanneer de groepstherapeuten vragen wie dit keer een rollenspel wil spelen, meldt Hans zich. Hans heeft vaak het gevoel nergens bij te horen, een vreemde eend in de bijt te zijn (schema Sociaal isolement/vervreemding). Hij wil een rollenspel doen met daarin een situatie van de afgelopen week, waarin een schema van hem werd getriggerd. Hans vraagt Caroline, Franka en Thijs om de rol op zich te nemen van collega's die hem voortdurend plagen (Hans is vroeger ook gepest als kind). In het begin is hij nog wat lacherig en zegt dat een rollenspel natuurlijk nooit echt kan zijn. Naarmate hij zich meer inleeft in de situatie ervaart hij weer dat (oude) gevoel van er niet bij te horen en slikt hij een traan weg. In de nabespreking hoort Hans dat de plagende collega's er ook alleen maar bij willen horen en dat het niet eens om hem ging. Ze hadden zelfs niet door dat ze hem te veel plaagden, maar hadden vooral lol met elkaar. Van de groepsleden krijgt Hans te horen dat het hen opviel dat hij weinig moeite deed om van zich te laten horen. Zij leggen de relatie met hoe afwachtend Hans zich ook in de groepstherapie opstelt en hoe hij steeds zijn stoel wat buiten de groep plaatst.

> **Voorbeeld individuele schematherapie**
>
> In de individuele therapie van Esther nodigt de schematherapeut haar uit om het conflict met haar partner uit te spelen. Esther moet er even aan wennen dat haar schematherapeut de rol van haar partner gaat uitspelen. In de nabespreking wordt haar duidelijk hoe haar schema Emotionele verwaarlozing en haar modus Veeleisende ouder een grote rol spelen in het contact met hem. In een rolomkering merkt zij hoe dit schema en deze modus 'koud' overkomen op de ander. Hoewel zij moeite had om dit rollenspel te doen, merkt zij op dat zij veel inzicht heeft gekregen in de wijze waarop zij contact maakt met de ander.

De verschillende fasen

Voorafgaand aan de schematherapie voer je een of meer indicatiegesprekken met de therapeut(en). Hierin maak je kennis met elkaar, krijg je uitleg over de schematherapie (aantal sessies, frequentie) en bij een schemagroep krijg je informatie over de groepsgrootte en groepsregels. Er wordt gekeken naar wat jouw belangrijkste schema's en modi zijn waaraan je gaat werken. Ook worden eventuele valkuilen met je besproken. Zo kunnen mensen met het schema Gebrek aan zelfbeheersing/zelfdiscipline geneigd zijn therapie saai te vinden en er eerder mee te stoppen. Mensen met de modus Veeleisende ouder willen vaak snel een oplossing voor hun problemen en het dagelijks leven snel weer kunnen oppakken. Bij de modus Veeleisende ouder zien we ook vaak de valkuil dat er te weinig aandacht is voor de emotionele binnenwereld.

In de eerste sessies vinden mensen het spannend om hun emoties en gedachten te delen. Schema's en modi worden lang niet altijd herkend en erkend. Dit is normaal. In het therapieproces zien we meerdere therapiefasen. De eerste fase is vooral gericht op het opbouwen van contact en kennismaken met het schema's en modi. In de daaropvolgende fase, de werkfase, is de therapie meer verdiepend. In de eindfase is er aandacht voor terugvalpreventie/signaleringsplan en ook eventueel aandacht voor het afsluiten van deze therapie.

Aanvullende informatie over een schemagroep

In de eerste sessies hebben de therapeuten dan ook vaak een actieve houding en stimuleren zij het contact tussen de groepsleden. Ook word je uitgenodigd om bij jezelf en andere groepsleden de gevoelige snaren en de verschillende gemoedstoestanden op te sporen.

Na de vijfde groepssessie wordt van de groepsleden verwacht dat zij elkaar steeds meer uitnodigen om gevoelens en gedachten te delen. Je kwetsbaar opstellen en openstaan voor reacties uit de groep kan door schema's en modi moeilijk voor je zijn. Het is de bedoeling dat je je hiervan bewust wordt en in de loop van de tijd het steeds meer aandurft om je gevoelens en gedachten met anderen te delen. In deze fase staan de groepstherapeuten samen met de groepsleden stil bij de groepscultuur. Wat zijn dominante schema's en modi in de groep, en hoe gaat de groep ermee om? De groepstherapeuten treden in deze middenfase minder op de voorgrond. Zij maken incidenteel een opmerking en bewaken vooral het groepsproces en de groepsveiligheid. De groepstherapeuten stimuleren in de middenfase dat eventuele behoeften en conflicten openlijk worden besproken en met elkaar worden uitgewerkt.

In de eindfase nemen de groepstherapeuten weer een actievere houding aan. In deze fase is afscheid nemen van elkaar een onderwerp dat aan bod komt. Bij afscheid nemen kunnen schema's en modi getriggerd worden, en daar wordt aandacht aan besteed. Ook wordt er aandacht besteed aan datgene wat je geleerd hebt en hoe je dit in de toekomst kunt blijven toepassen.

De spelregels

> **Voorbeeld schemagroep**
>
> Inge was de vorige sessie zonder opgave van redenen afwezig, terwijl ze de keer daarvoor zich kwetsbaar had opgesteld. Voorzichtig confronteert Anna haar met het feit dat zij het niet leuk vond dat Inge er zo onverwachts niet was. Ze was bang dat Inge nooit meer zou terugkomen (schema Verlating/instabiliteit). Thijs valt Anna bij en zegt tegen Inge dat hij zich zorgen maakte, maar ook dat hij boos op haar is dat ze anderen zo in de steek heeft gelaten (schema Zelfopoffering, maar vermijding van uitspreken eigen behoefte). Inge wil verontwaardigd opstaan. Ze hoeft toch zeker met niemand rekening te houden (schema's Gebrek aan zelfbeheersing/zelfdiscipline en Zich rechten toe-eigenen).
> Een van de groepstherapeuten vraagt Inge te blijven zitten en te vertellen wat zij nog meer ervaart. Dan vertelt Inge dat zij zich aangevallen voelt en tekortgedaan. Ze begint te huilen wanneer een groepslid zegt de pijn van Inge te begrijpen, omdat zij het zelf ook zo zou voelen, maar ook hoort hoe de andere groepsleden en de groepstherapeuten haar juist proberen te helpen.

Er gelden in de schematherapie een paar spelregels die ervoor moeten zorgen dat je je veilig voelt en dat het therapieproces goed op gang kan komen. Dit geldt voor individuele schematherapie en schemagroepstherapie:

1. De schematherapeut heeft geheimhoudingsplicht. In het kader van multidisciplinaire overleg zal de schematherapeut in zijn behandelteam jouw therapieproces met zijn collega's bespreken.
2. Kom alle sessies op tijd of zeg ruim van tevoren af en met opgave van redenen. Probeer zo min mogelijk sessies afwezig te zijn.
   Voor de groep zijn er nog de aanvullende regels:
3. Net als de groepstherapeuten hebben ook de groepsleden een geheimhoudingsplicht. Dat betekent dat je buiten de groep niet met naam en toenaam over andere groepsleden mag praten. Een algemene opmerking over de groep of iets over jezelf vertellen kan natuurlijk wel. Sterker nog, wij raden je juist aan om je problemen te delen met je omgeving en meer te vertellen over de wijze waarop jij met je gevoelige snaren worstelt en hoe je hier in de therapie mee bezig bent. Dit kan jou en je omgeving weer verder helpen.
4. Als de emoties je even teveel worden in een groep, meld dit dan aan de groepsleden en probeer te verwoorden wat jij op dat moment nodig hebt. Als je even de groep uit wilt stappen, dan kan dat. Kom vervolgens na een paar minuten in de groep terug.
5. Wat je buiten de groep bespreekt met groepsleden moet je altijd tijdens een sessie ook aan de rest van de groep vertellen. Dit is ook het geval wanneer je buiten de groep een (crisis)contact met een van de groepstherapeuten hebt gehad. Om ervoor te zorgen dat er een open en veilige sfeer in de groep is en er geen subgroepen worden gevormd, is het belangrijk dat je met elkaar deelt wat eventueel buiten de groepssessie is besproken. Aangeraden wordt om buiten de groepssessies zo min mogelijk met medegroepsleden te praten over wat er in de groep speelt.

Valkuilen en tips

De voorbeelden in deze folder illustreren hoe schema's en modi getriggerd kunnen worden in schemagroepstherapie en in individuele schematherapie. Triggering van schema's en modi kunnen ook leiden tot valkuilen. Hier worden enkele voorbeelden gegeven met daarbij tips hoe je hiermee om kunt gaan.

1. In schematherapie kan een therapeut of een ander groepslid bevraagd worden of steeds adviezen krijgen. Vaak heeft dit te maken met gevoelens van angst. Zij durven zelf geen ruimte in te nemen, bang als ze zijn voor afwijzing (bijvoorbeeld bij het schema Minderwaardigheid/schaamte, Mislukking, Sociaal isolement/vervreemding) of omdat ze geen confrontaties met zichzelf en elkaar durven aan te gaan (bijvoorbeeld vanuit de schema's Zelfopoffering, Onderwerping, Emotionele verwaarlozing).
   Tip: Dit proces kun je doorbreken door het onderwerp (groeps)veiligheid en de rol van vermijding te bespreken. Je kan het voortdurend vragen stellen ter discussie stellen of je kunt zelf ruimte innemen door iets over je eigen kwetsbaarheid te vertellen.

2. Veel theoretische vragen stellen aan de therapeut of aan de groepstherapeuten kan een manier zijn om niet stil te hoeven staan bij gevoelens (bijvoorbeeld bij schema's als Emotionele geremdheid, Emotionele verwaarlozing). Het doen van een rollenspel wordt dan bijvoorbeeld vermeden door te blijven praten en geen situaties te weten die gebruikt kunnen worden voor een rollenspel.
   Tip: Bedenk dat je door doen en ervaren vaak meer bereikt dan door er alleen maar over te praten.

3. Voortdurend de therapeut of de groepstherapeuten bekritiseren over dat de therapietijd zo kort is en dat de klachten niet snel genoeg weggaan. Hierbij kan de modus Veeleisende ouder een rol spelen.
   Tip: Neem even de tijd om te onderzoeken of de modus Veeleisende ouder bij jou aanwezig is. Vraag jezelf af of hierdoor geen aandacht is voor je emotionele binnenwereld, probeer dit te delen met de therapeut en/of de groep.

4. Benoemen van een voorzitter in een schemagroepstherapie die de tijd bijhoudt en iedereen evenveel tijd geeft. Het schema Emotionele verwaarlozing kan hierbij een rol spelen. Mogelijk speelt er een conflict in de groep dat niet wordt uitgesproken.
   Tip: In dit geval is het belangrijk om uit te zoeken of er een conflict in de groep speelt en om als groep verantwoordelijkheid te nemen voor het uiten van en luisteren naar elkaars wensen zonder daarvoor een voorzitter te moeten aanstellen.

5. In een schemagroepstherapie toelaten dat groepsleden zich onthechten, zich wat verborgen of gesloten opstellen in de groep.
   Tip: Als leden van de groep is het belangrijk dat je elkaar op een open en respectvolle manier confronteert met wat het gedrag van de ander met jou doet. Het kan best zijn dat de schema's Gebrek aan beheersing/zelfdiscipline, Sociaal isolement/vervreemding, Minderwaardigheid/schaamte of Mislukking bij iemand zijn getriggerd en dat die persoon zo onthecht is dat er een handreiking vanuit de groep nodig is.

Tabel B.1 Schema's (de schema's met een * moeten nog verder onderzocht worden)

schema	uitleg
Emotionele verwaarlozing	De patiënt verwacht dat de eigen basale emotionele behoeften (zoals steun, verzorging, empathie en bescherming) niet of onvoldoende door anderen zullen worden vervuld. Hij voelt zich alleen en eenzaam.
Verlating/instabiliteit	De patiënt verwacht dat iedereen hem uiteindelijk in de steek zal laten. Anderen zijn onbetrouwbaar en onvoorspelbaar in hun steun en toewijding. Angst, verdriet en woede wisselen elkaar af als de patiënt zich in de steek gelaten voelt.
Wantrouwen en/of misbruik	De patiënt heeft de overtuiging dat anderen uiteindelijk op een of andere manier misbruik van hem zullen maken of hem zullen bedriegen of vernederen. De gevoelens zijn heel wisselend, en betrokkene is voortdurend waakzaam.
Sociaal isolement/vervreemding	De patiënt voelt zich geïsoleerd van de rest van de wereld en anders dan andere mensen.
Minderwaardigheid/schaamte	De patiënt vindt zichzelf innerlijk onvolkomen en slecht. Zodra anderen hem beter leren kennen, zullen zij dat ontdekken en hem afwijzen. Het gevoel van waardeloosheid leidt veelal tot schaamte.
Sociale ongewenstheid	De patiënt is ervan overtuigd dat hij sociaal onhandig en onaantrekkelijk is. Hij vindt zichzelf saai, suf en lelijk.
Mislukking	De patiënt is ervan overtuigd dat hij niet in staat is om te presteren op het niveau van leeftijdsgenoten. Hij voelt zich dom en ongetalenteerd.
Afhankelijkheid/onbekwaamheid	De patiënt is extreem hulpeloos en functioneel afhankelijk van anderen. Hij kan geen besluiten nemen over dagelijkse problemen en is vaak gespannen en angstig.
Kwetsbaarheid voor ziekte en gevaar	De patiënt veronderstelt dat hem en dierbaren elk moment iets vreselijks kan overkomen en dat hij niets kan doen om zich te beschermen.
Verstrengeling/kluwen	De patiënt is overdreven betrokken bij en verbonden met een of meer opvoeders, waardoor hij geen eigen identiteit kan ontwikkelen.
Onderwerping	De patiënt geeft zichzelf over aan de wil van anderen om negatieve consequenties te voorkomen. Hij onderdrukt eigen behoeften uit angst voor conflicten en straf.
Zelfopoffering	De patiënt offert zich vrijwillig op voor anderen, die hij ziet als zwakker dan zichzelf. Als hij aandacht schenkt aan zijn eigen behoeften voelt hij zich schuldig, en hij laat andermans behoeften voorgaan. Uiteindelijk gaat hij zich ergeren aan de mensen waar hij voor zorgt.
Goedkeuring en erkenning zoeken*	De patiënt is op een overdreven manier op zoek naar erkenning, waardering en aandacht, ten koste van zijn eigen ontwikkeling en behoeften.
Emotionele geremdheid	De patiënt houdt emoties en impulsen altijd in, omdat hij denkt dat het uiten daarvan anderen zal schaden of leidt tot schaamte, vergelding of verlating. Hij reageert nooit spontaan en legt sterk de nadruk op rationaliteit.
Meedogenloze normen/overmatig kritisch	De patiënt gelooft dat hij het nooit goed genoeg kan doen en dat hij harder zijn best moet doen. Hij is kritisch op zichzelf en anderen en is perfectionistisch, rigide en overdreven efficiënt. Dit gaat ten koste van plezier, ontspanning en sociale contacten.

◘ **Tabel B.1** Vervolg.

schema	uitleg
Negativiteit en pessimisme*	De patiënt ziet altijd de negatieve kant van zaken en negeert of minimaliseert de positieve kant. Hij is meestal aan het piekeren en is hyperalert.
Bestraffende houding*	De patiënt vindt dat mensen hard gestraft moeten worden voor hun fouten. Hij is agressief, intolerant, ongeduldig en niet vergevingsgezind.
Zich rechten toe-eigenen	De patiënt vindt dat hij superieur is aan anderen en speciale rechten heeft. Hij kan doen en laten wat hij wil, zonder rekening te hoeven houden met anderen. Het centrale thema is macht en controle hebben over situaties en mensen.
Gebrek aan zelfcontrole/zelfdiscipline	De patiënt heeft geen frustratietolerantie en kan gevoelens en impulsen niet beheersen. Hij verdraagt geen ongenoegen of ongemak (pijn, ruzie en inspanning).

◘ **Tabel B.2** Schemamodi (de modi met een * moeten nog verder onderzocht worden)

modus	uitleg
kindmodi	
Kwetsbare kind	De patiënt denkt dat niemand zijn emotionele behoeften zal vervullen en dat iedereen hem uiteindelijk in de steek zal laten. Hij wantrouwt anderen en denkt dat er misbruik van hem gemaakt zal worden. Hij voelt zich minderwaardig en verwacht afgewezen te worden. Hij schaamt zich voor zichzelf en heeft vaak het gevoel er niet bij te horen. Hij gedraagt zich als een klein kwetsbaar kind dat zich voor hulp aan de therapeut vastklampt, omdat hij zich alleen voelt en denkt dat er overal gevaar dreigt.
Woedende kind	De patiënt is intens kwaad, woedend en ongeduldig, omdat aan zijn basale behoeften niet wordt voldaan. Hij kan zich tevens in de steek gelaten, gekleineerd of verraden voelen. Hij uit zijn woede in heftige mate, zowel verbaal als non-verbaal, net als een klein kind dat een woedeaanval heeft.
Razende kind	De patiënt is om dezelfde reden razend als het woedende kind, maar verliest hierbij de controle. Het uit zich in kwetsende en beschadigende acties tegen mensen en voorwerpen, net zoals een klein kind dat tegen de schenen van zijn ouder schopt.
Impulsieve kind	De patiënt wil op een egoïstische en ongecontroleerde wijze de bevrediging van zijn (niet-basale) behoeften afdwingen. Hij kan gevoelens en impulsen niet inhouden en wordt woedend en razend als hij niet meteen zijn zin krijgt. Hij lijkt vaak op een verwend kind.
Ongedisciplineerde kind	De patiënt heeft geen frustratietolerantie en kan zichzelf niet dwingen routinematige of vervelende taken af te maken. Hij verdraagt geen ongenoegen of ongemak (pijn, ruzie en inspanning) en gedraagt zich als een verwend kind.
Blije kind	De patiënt voelt zich geliefd, tevreden, beschermd, begrepen en gewaardeerd. Hij heeft zelfvertrouwen en voelt zich competent, voldoende autonoom en in controle. Hij kan spontaan reageren, is ondernemend, optimistisch en speels als een gelukkig klein kind.

◼ **Tabel B.2** Vervolg.

modus	uitleg
disfunctionele copingmodi	
Willoze inschikkelijke	De patiënt geeft zichzelf over aan de wil van anderen om negatieve consequenties te voorkomen. Hij onderdrukt alle behoeften of emoties en kropt agressie op. Hij gedraagt zich onderdanig, passief en hoopt goedkeuring te krijgen door gehoorzaam te zijn. Hij laat zich gebruiken.
Onthechte beschermer	De patiënt schermt zichzelf af voor heftige gevoelens, omdat hij denkt dat gevoelens gevaarlijk zijn en uit de hand kunnen lopen. Hij trekt zich terug uit relaties en probeert zijn gevoel uit te schakelen (soms leidend tot dissociatie). De patiënt voelt zich leeg, verveeld en gedepersonaliseerd. Hij kan een cynische of pessimistische houding aannemen om anderen op een afstand te houden.
Onthechte zelfsusser	De patiënt zoekt afleiding om negatieve emoties niet te hoeven voelen. Hij bereikt dit door zelfsussend gedrag (zoals slapen of middelenmisbruik) of het ondernemen van zelfstimulerende activiteiten (te fanatiek of te veel bezig zijn met bijvoorbeeld werken, internetten, sport of seks).
overcompensatiemodi	
Zelfverheerlijker	De patiënt voelt zich superieur aan anderen en denkt dat hij speciale rechten heeft. Hij wil zijn zin krijgen zonder rekening te hoeven houden met anderen. Hij schept op en kleineert anderen om zijn gevoel van eigenwaarde te vergroten.
Pest- en aanval	De patiënt wil voorkomen dat hij gecontroleerd of gekwetst wordt door anderen en probeert daarom controle over hen te houden. Hij gebruikt hiervoor bedreiging, intimidatie, agressie en dwang. Hij wil altijd in de dominante positie zitten en voelt een sadistisch genoegen bij het aanvallen van anderen.
onaangepaste-oudermodi	
Straffende ouder	De patiënt is agressief, intolerant, ongeduldig en niet-vergevingsgezind ten opzichte van zichzelf. Hij is altijd kritisch op zichzelf en zeer schuldbewust. Hij schaamt zich voor zijn fouten en vindt dat hij daar hard voor gestraft moet worden. Deze modus is een weergave van wat (een van) de ouders of andere opvoeders altijd tegen de patiënt zeiden om hem te kleineren of te straffen.
Veeleisende ouder	De patiënt vindt dat hij moet voldoen aan rigide regels, normen en waarden. Hij moet daarbij overdreven efficiënt zijn. Hij gelooft dat hij het nooit goed genoeg kan doen en dat hij harder zijn best moet doen. Hij blijft daarom streven naar perfectie, ten koste van eigen rust en plezier. Hij is nooit tevreden met het resultaat. Dit zijn ook geïnternaliseerde regels en normen van (een van de) ouders.
gezonde modus	
Gezonde volwassene	De patiënt heeft positieve en genuanceerde gedachten en gevoelens over zichzelf. Hij doet dingen die goed voor hem zijn en leiden tot gezonde relaties en activiteiten. Dit is geen disfunctionele modus.
nog niet onderzochte modi	
Boze beschermer*	De patiënt gebruikt een muur van woede om zichzelf te beschermen tegen anderen, die als bedreigend worden ervaren. Hij houdt anderen op een veilige afstand met veel vertoon van woede. Boosheid is meer gecontroleerd dan bij het woedende of razende kind.

Bijlage 1 Patiëntenfolder

Tabel B.2 Vervolg.

modus	uitleg
Overcontroleerder*	De patiënt probeert zichzelf te beschermen tegen vermeende of daadwerkelijke dreiging door alles extreem te controleren. Gebruikt daarbij herhaling of rituelen.
Paranoïde modus*	De patiënt probeert zichzelf te beschermen tegen vermeende of daadwerkelijke dreiging door anderen te lokaliseren en te onthullen.
Bedrog- en manipulatiemodus*	De patiënt bedriegt, liegt of manipuleert om een specifiek doel te bereiken, dat ofwel betrekking heeft op het anderen tot slachtoffer maken of om straf te ontlopen.
Roofdiermodus*	De patiënt gaat op een kille, meedogenloze en berekenende wijze dreiging, rivalen, obstakels of vijanden elimineren.
Aandacht- en erkenningzoeker*	De patiënt probeert op opzichtige wijze goedkeuring en aandacht van anderen te krijgen, bijvoorbeeld door zich overdreven te gedragen, te erotiseren of zich aan te stellen.

Tabel B.3 Emotionele kernbehoeften (de schema's met een * moeten nog verder onderzocht worden) (Lockwood en Perris 2012)

schema	emotionele kernbehoefte in de relatie
Emotionele verwaarlozing	Warmte en affectie, empathie, bescherming, wederzijds delen van persoonlijke ervaringen.
Verlating/instabiliteit	Een stabiele en voorspelbare emotionele hechtingsfiguur.
Wantrouwen en/of misbruik	Eerlijkheid, betrouwbaarheid, loyaliteit, afwezigheid van misbruik.
Sociaal isolement/vervreemding	Er bij betrokken worden. Gezien worden en uitgenodigd worden en horen 'je bent oké'.
Minderwaardigheid/schaamte	Onvoorwaardelijke acceptatie van, en liefde voor iemands persoonlijke en publieke zelf met regelmatige waardering waarbij onophoudend kritiek of afwijzing afwezig is. Aanmoediging om onzekerheid te delen en deze niet geheim te houden voor anderen.
Sociale ongewenstheid	Acceptatie door en behorend bij een gemeenschap/groep met gedeelde interesses en waarden.
Mislukking	Ondersteuning en begeleiding bij het ontwikkelen van expertise en competentie op verschillende gebieden (onderwijs, werk en recreatief).
Afhankelijkheid/onbekwaamheid	Uitdaging, ondersteuning en begeleiding in het omgaan met dagelijkse keuzes en eigen problemen zonder overdreven veel hulp van anderen.
Kwetsbaarheid voor ziekte en gevaar	Een geruststellende betekenisvolle relatie die een evenwicht biedt in het hebben van reële bezorgdheden voor gevaar en ziekte en een gevoel heeft voor het nemen van enige risico, iemand die een adequate actie onderneemt zonder overbescherming.
Verstrengeling/kluwen	Een betekenisvolle ander die een eigen identiteit aanmoedigt en accepteert, respecteert persoonlijke grenzen.

Tabel B.3 Vervolg.

schema	emotionele kernbehoefte in de relatie
Onderwerping	Vrijheid om in betekenisvolle relaties behoeften, gevoelens en een mening te uiten zonder angst, straf of afwijzing.
Zelfopoffering	Evenwicht in de belangrijkheid van elkaars persoonlijke behoeften.
Goedkeuring en erkenning zoeken*	Onvoorwaardelijk gezien en gehoord worden. Fouten mogen maken. Dingen op eigen manier mogen doen zonder afkeuring.
Emotionele geremdheid	Een betekenisvolle ander die speels en spontaan is en uitnodigt om dat ook te zijn en anderen aanmoedigt gevoelens te uiten en hierover te praten.
Meedogenloze normen/overmatig kritisch	Begeleiding in het ontwikkelen van adequate (niet te lage, niet te rigide en niet te extreme) waarden en idealen en het vinden van een evenwicht met betrekking tot prestatiedoelen waarbij ook tegemoet wordt gekomen aan behoeften zoals gezondheid, intimiteit en ontspanning.
Negativiteit en pessimisme*	Horen dat de wereld niet in- en inslecht is. Dat dingen fout gaan, maar ook heel veel goed. Dat je ook zelf een positieve invloed kan hebben op wat er gebeurt.
Bestraffende houding*	Valideren van pogingen om iets uit te proberen. Stimulans t.a.v. creativiteit en eigenheid. Fouten maken mag en is teken van initiatief durven tonen.
Zich rechten toe-eigenen	Iemand die stuurt om zich in te leven in de ander en grenzen stelt waarbij stilgestaan wordt bij de consequenties voor anderen en het zich meer inleven in de visie, rechten en behoeften van anderen. Zich minder superieur te voelen en onrealistische eisen begrenst.
Gebrek aan zelfcontrole/zelfdiscipline	Begeleiding om meer dagelijkse routinetaken af te maken, verantwoordelijkheden aan te gaan en bezig te zijn met lange termijn doelen. Emoties die ongecontroleerd, impulsief of inadequaat zijn worden begrensd.

Ten slotte

Het kan zijn dat je nog vragen hebt die niet beantwoord zijn. We raden je aan deze vragen met je behandelaar te bespreken. Hieronder staat waar je meer informatie over schematherapie kunt vinden.

Meer informatie

Voor meer informatie over schematherapie en het (wetenschappelijk) onderzoek daarnaar zie de volgende websites:
- ▶ www.schematherapie.nl
- ▶ www.schematherapy.com
- ▶ www.schematherapysociety.org

Enkele zelfhulpboeken

- Genderen, H. van, Jacob, G., & Seebauer, L. (2012). *Patronen doorbreken, een zelfhulpboek over schematherapie*. Amsterdam: Uitgeverij Nieuwezijds.
- Nauth, L., & Teeuwen, H. (2005). *Trap niet in je eigen valkuil; zelfhulpboek voor inzicht en verandering*. Houten: Bohn Stafleu van Loghum.
- Young, J., & Klosko, J. (1999). *Leven in je leven. Leer de valkuilen in je leven herkennen.* Amsterdam: Pearson Assessment & Information.

Bron

Deze folder is een aangepaste versie van de Cliëntenvoorlichting uit *Psychopraktijk*, 2(5) blz. 23-25 (2010), aangevuld met uitleg over schema's en modi uit het *Handboek voor schematherapie. Theorie, praktijk en onderzoek* (Vreeswijk van et al. 2008).

Bijlage 2 Screeningslijst schemacopingstijlen

Michiel van Vreeswijk en Jenny Broersen (2005)

Naam: _____
Geboortedatum: _____
Onderzoeksdatum: _____

Hieronder staan uitspraken die je kunt gebruiken om verschillende (schema)gedragingen te beschrijven. Lees elke uitspraak goed door en beoordeel in welke mate die op jou van toepassing is. Geef dit dan aan met een cijfer van 1 tot en met 6; zet het cijfer voor de uitspraak. De cijfers verwijzen naar de volgende uitspraken:
1. helemaal niet van toepassing op mij
2. vrijwel niet van toepassing op mij
3. meer wel dan niet van toepassing op mij
4. vrij goed van toepassing op mij
5. zeer goed van toepassing op mij
6. geheel van toepassing op mij

1.	ik probeer pijn, verdriet en boosheid niet te voelen
2.	ik verdedig me vaak als anderen kritisch tegen mij zijn
3.	ik denk vaak bij mezelf: 'zie je wel …' of 'ik dacht wel …'
4.	ik werk vaak hard, ook als ik er eigenlijk geen energie meer voor heb
5.	ik doe alles altijd het liefst zelf (zonder hulp van anderen)
6.	ik trek me terug wanneer ik me verdrietig of boos voel
7.	ik denk dat ik heel goed weet hoe andere mensen denken, voelen of zich gedragen
8.	ik heb veel last van lichamelijke klachten wanneer ik een stressvolle gebeurtenis meemaak
9.	ik laat vaak de wensen en behoeften van anderen voorgaan ten koste van mezelf
10.	ik ben bijna altijd bezig met te kijken hoe andere mensen op mij reageren
11.	ik kijk veel televisie of zit lang achter de computer als afleiding
12.	ik ben erg kritisch en streef er voortdurend naar dat alles goed gaat
13.	ik ben ervan overtuigd dat wat ik denk bijna altijd ook (vroeg of laat) gaat gebeuren
14.	ik doe mij vaak beter voor dan ik me voel
15.	ik vind dat andere mensen mij vaak teleurstellen
16.	ik ga vaak slapen of afleiding zoeken als ik me vervelend voel

Scoring van de Screeningslijst schemacopingstijlen

Hieronder staan voor elke drie schemacopingstijlen de bijbehorende items uit de screeningslijst. Per subschaal kan een gemiddelde berekend worden, maar er kan ook gekeken worden naar welke subschaal de meeste 5/6-en heeft. Het hoogste gemiddelde geeft vaak een indicatie voor het schemacopinggedrag dat de patiënt het meest toepast.

Vermijden
Items 1, 6, 8, 11, 16.

Overcompensatie
Items 2, 4, 5, 9, 12, 14.

Bevestigen
Items 3, 7, 10, 13, 15.

Bijlage 3 Samenvatting testonderzoeksresultaten kortdurende schematherapie

Beginrapportage

Naam patiënt(e): _____
Geboortedatum: _____
Onderzoeksdatum: _____
Onderzoeker: _____

Testmateriaal

- Klachtenlijst;
- Schemavragenlijst;
- Modivragenlijst;
- Eventueel persoonlijkheidsvragenlijst.

Testresultaten

- **Klachtenlijst op tijdstip 1**

Patiënt(e) scoort ten opzichte van de normgroep 'polipsychiatrie' _ (laag/gemiddeld/hoog) op de klachtenlijst. Patiënt(e) geeft aan vooral last te hebben van…

- **Klachtenlijst op tijdstip 2**

Patiënt(e) scoort ten opzichte van de normgroep 'polipsychiatrie' _ (laag/gemiddeld/hoog) op de klachtenlijst. Ten opzichte van meting 1 is er wel/ niet een verandering te zien in…

- **Klachtenlijst op tijdstip 3**

Patiënt(e) scoort ten opzichte van de normgroep 'polipsychiatrie' _ (laag/gemiddeld/hoog) op de klachtenlijst. Ten opzichte van meting 1 is er wel/niet een verandering te zien in…

De drie schema's waarop patiënt(e) het hoogste scoort zijn:			
	Gemiddelde score tijdstip 1	Gemiddelde score tijdstip 2	Gemiddelde score tijdstip 2
1. _____			
2. _____			
3. _____			

Bijlage 3 Samenvatting testonderzoeksresultaten kortdurende schematherapie

■ De drie modi waarop patiënt(e) het hoogste scoort zijn:

	Gemiddelde score tijdstip 1	Gemiddelde score tijdstip 2	Gemiddelde score tijdstip 2
1. _____			
2. _____			
3. _____			

- **Persoonlijkheidsvragenlijst Vul hier de uitkomsten in van een eventueel gebruikte persoonlijkheidsvragenlijst.**

_____

_____

_____

_____

_____

_____

_____

_____

_____

_____

_____

_____

_____

_____

Handtekening therapeut _____

Bijlage 4 Schema ernstinschatting/modus ernstinschatting

Naam:_____

Mijn drie belangrijkste schema's zijn:
1 _____
2 _____
3 _____

Mijn drie belangrijkste schema-modi zijn:
1 _____
2 _____
3 _____

sessie	1		2		3		4		5		6		7		8		9		10	
	ernst	ver.	ernst	ver.	ernst	ver.	ernst	ver.	ernst	ver.	ernst	ver.	ernst	ver.	ernst	ver.	ernst	ver.	ernst	ver.
schema 1																				
schema 2																				
schema 3																				

sessie	11		12		13		14		15		16		17		18		1e follow-up		2e follow-up	
	ernst	ver.	ernst	ver.	ernst	ver.	ernst	ver.	ernst	ver.	ernst	ver.	ernst	ver.	ernst	ver.	ernst	ver.	ernst	ver.
schema 1																				
schema 2																				
schema 3																				

© 2017 Bohn Stafleu van Loghum, onderdeel van Springer Media – Flip-over bij erkboek kortdurende schematherapie: CGT-technieken ISBN 978 90 368 1583 3

a

Naam:_____

Mijn drie belangrijkste modi zijn:
1 _____
2 _____
3 _____

Mijn drie belangrijkste schema's zijn:
1 _____
2 _____
3 _____

sessie	1		2		3		4		5		6		7		8		9		10	
	ernst	ver.	ernst	ver.	ernst	ver.	ernst	ver.	ernst	ver.	ernst	ver.	ernst	ver.	ernst	ver.	ernst	ver.	ernst	ver.
modus 1																				
modus 2																				
modus 3																				

sessie	11		12		13		14		15		16		17		18		1e follow-up		2e follow-up	
	ernst	ver.	ernst	ver.	ernst	ver.	ernst	ver.	ernst	ver.	ernst	ver.	ernst	ver.	ernst	ver.	ernst	ver.	ernst	ver.
modus 1																				
modus 2																				
modus 3																				

© 2017 Bohn Stafleu van Loghum, onderdeel van Springer Media – Flip-over bij Werkboek kortdurende schematherapie: experiëntiële technieken ISBN 978 90 368 1577 2

b

■ **Figuur B.1** a. Voorbeeld van een inlegflap 'schema ernstinschatting' (SCGT-protocol: per sessie in te vullen door patiënt en op te hangen in groepsruimte); b. Voorbeeld van een inlegflap 'modus ernstinschatting' (SEPT-protocol: per sessie in te vullen door patiënt en op te hangen in groepsruimte)

Bijlage 5 De Refamilyingschaal

Limited Reparenting-Refamilying Questionnaire (LRRQ)

Michiel van Vreeswijk, Sally Skewes and Susan Simpson (2015)

Introductie

Deze vragenlijst bestaat uit twee delen. In het eerste deel (deel A) wordt je gevraagd om de vragen te beantwoorden met in je achterhoofd de twee groepstherapeuten die de groep, waar aan je deelneemt, geven. In het tweede deel wordt je gevraagd om de vragen te beantwoorden met in je achterhoofd de hele patiëntengroep waar je in zit.

Introductie deel A

De antwoordmogelijkheden zijn:
1 = Volledig onwaar
2 = Onwaar
3 = Neutraal
4 = Waar
5 = Volledig waar

Het kan je bij het beantwoorden van de vragen helpen om eerst de namen van je therapeuten op te schrijven, zodat je ze bij het beantwoorden van de vragen nog beter in gedachten kunt nemen. Als je dat liever op een apart vel papier wilt doen in plaats van op deze vragenlijst dan kun je dat natuurlijk doen.

Naam therapeut A:
Naam therapeut B:
Beantwoord de vragen hieronder voor beide groepstherapeuten afzonderlijk.

A 1

		therapeut A	therapeut B
1.	de werkrelatie met mijn therapeut helpt mij in het ontwikkelen van mijn vertrouwen in anderen		
2.	de therapeut moedigt mij aan om uiting te geven aan mijn spontaniteit, gevoel en wat ik allemaal ervaar en vind		
3.	de therapeut helpt me het gevoel te geven dat ik erbij hoor		
4.	de therapeut laat zien dat hij/zij mij hoort en ziet en aandacht heeft voor mijn behoeften		
5.	de therapeut creëert een gevoel van veiligheid in onze werkrelatie		
6.	de therapeut moedigt mij aan om in mezelf en mijn eigen competentie te geloven		
7.	de therapeut stimuleert mijn ontwikkeling in assertiviteit		
8.	de therapeut stimuleert mijn gezonde kant van zorgen voor mezelf		

	therapeut A	therapeut B

9. de therapeut moedigt me aan om realistische doelen te stellen voor mezelf en realistisch te zijn in mijn verwachtingen naar mijzelf en anderen

10. de therapeut moedigt mij aan om negatieve gedachten uit te dagen en begrenst emoties en gedragingen die onhandig, impulsief of overtrokken zijn

11. de therapeut confronteert mij op empatische wijze wanneer ik teveel bezig ben met zelfdestructief gedrag

12. de therapeut begeleid mij in mijn ontwikkeling van het op een gezonde manier uiten van mijn emoties

A 2

Zet een kruis op de schalen hieronder op die plek die voor jou het beste past als antwoord op de vraag.

In de groepstherapiesessies die ik tot op heden heb gevolgd, voel ik mij angstig ten aanzien van het aangaan van een werkrelatie met therapeut *A*.

_____

Helemaal niet   Helemaal wel

In de groepstherapiesessies die ik tot op heden heb gevolgd heb ik het gevoel gehad dat ik een werkrelatie met therapeut *A* kan aangaan.

_____

Helemaal niet   Helemaal wel

In de groepstherapiesessies die ik tot op heden heb gevolgd, ben ik een werkrelatie aangegaan met therapeut *A*.

_____

Helemaal niet   Helemaal wel

In de groepstherapiesessies die ik tot op heden heb gevolgd, voel ik mij angstig ten aanzien van het aangaan van een werkrelatie met therapeut *B*.

_____

Helemaal niet   Helemaal wel

In de groepstherapiesessies die ik tot op heden heb gevolgd heb ik het gevoel gehad dat ik een werkrelatie met therapeut *B* kan aangaan.

_____

Helemaal niet   Helemaal wel

In de groepstherapiesessies die ik tot op heden heb gevolgd, ben ik een werkrelatie aangegaan met therapeut *B*.

_____

Helemaal niet   Helemaal wel

Introductie deel B

De volgende vragen hebben betrekking op de patiëntengroep als een geheel.

De antwoordmogelijkheden zijn:
1 = Volledig onwaar
2 = Onwaar
3 = Neutraal
4 = Waar
5 = Volledig waar

B 1

1. de groep helpt mij in het ontwikkelen van mijn vertrouwen in anderen
2. de groep moedigt mij aan om uiting te geven aan mijn spontaniteit, gevoel en wat ik allemaal ervaar en vind
3. de groep helpt me het gevoel te geven dat ik erbij hoor
4. de groep laat zien dat zij mij hoort en ziet en aandacht heeft voor mijn behoeften
5. de groep creëert een gevoel van veiligheid in onze werkrelatie
6. de groep moedigt mij aan om in mezelf en mijn eigen competentie te geloven
7. de groep stimuleert mijn ontwikkeling in assertiviteit
8. de groep stimuleert mijn gezonde kant van zorgen voor mezelf
9. de groep moedigt me aan om realistische doelen te stellen voor mezelf en realistisch te zijn in mijn verwachtingen naar mijzelf en anderen
10. De groep moedigt mij aan om negatieve gedachten uit te dagen en begrenst emoties en gedragingen die onhandig, impulsief of overtrokken zijn
11. de groep confronteert mij op empatische wijze wanneer ik te veel bezig ben met zelfdestructief gedrag
12. de groep begeleid mij in mijn ontwikkeling van het op een gezonde manier uiten van mijn emoties

B 2

Zet een kruis op de schalen hieronder op die plek die voor jou het beste past als antwoord op de vraag wanneer je de hele patiëntengroep in gedachten neemt.

In de groepstherapiesessies die ik tot op heden heb gevolgd, voel ik mij angstig ten aanzien van het aangaan van een werkrelatie met de *groep*.

Helemaal niet   Helemaal wel

In de groepstherapiesessies die ik tot op heden heb gevolgd heb ik het gevoel gehad dat ik een werkrelatie met de *groep* kan aangaan.

Helemaal niet   Helemaal wel

In de groepstherapiesessies die ik tot op heden heb gevolgd, ben ik een werkrelatie aangegaan met de *groep*.

Helemaal niet   Helemaal wel

Literatuur

Andel, P. van, Erdman, R. A. M., Karsdorp, P. A., Appels, A., & Trijsburg, R. W. (2003). Group cohesion and working alliance: Prediction of treatment outcome in cardiac patients receiving cognitive behavioral group psychotherapy. *Psychotherapy and Psychosomatics, 72*, 141–149.

APA – American Psychiatric Association. (1994). *Diagnostic and statistical manual of mental disorders, DSM-IV* (4th ed.). Washington, DC: American Psychiatric Association.

American Psychiatric Association. (2013). *Diagnostic and statistical manual of mental disorders* (5th ed.). Arlington: American Psychiatric Association.

Arntz, A., & Bögels, S. (2000). *Praktijkreeks gedragstherapie: Schemagerichte cognitieve therapie voor persoonlijkheidsstoornissen.* Houten: Bohn Stafleu van Loghum.

Arntz, A., & Jacobs, G. (2012). *Schematherapie: Een praktische handleiding.* Amsterdam: Uitgeverij Nieuwezijds.

Arrindell, W. A., & Ettema, J. H. M. (1986). *Klachtenlijst (SCL-90).* Lisse: Swets Test Publishers.

Bamelis, L. L. M., Evers, S. M. A. A., Spinhoven, P., & Arntz, A. (2014). Results of a multicentered randomized controlled trial on the clinical effectiveness of schema therapy for personality disorders. *The American Journal of Psychiatry, 171*(3), 305–322.

Bamelis, L., Giesen-Bloo, J., Bernstein, D., & Arntz, A. (2008). Effectiviteitsstudies. In M. F. van Vreeswijk, J. Broersen & M. Nadort (Red.), *Handboek voor schematherapie: Theorie, praktijk en onderzoek.* Houten: Bohn Stafleu van Loghum.

Bamelis, L., Giesen-Bloo, J., Bernstein, D., & Arntz, A. (2012). Effectiveness studies. In M. F. Vreeswijk van, J. Broersen & M. Nadort (Eds.), *The Wiley-Blackwell handbook of schematherapy: Theory, research, and practice.* Oxford: Wiley-Blackwell.

Beck, A. T., Freeman, A., Davis, D. D., et al. (2004). *Cognitive therapy of personality disorders* (2nd ed.). New York: The Guilford Press.

Berk, T. (2005). *Leerboek groepspsychotherapie.* Utrecht: De Tijdstroom.

Bernstein, D. P., Nijman, H. L. I., Karos, K., Keulen-de Vos, M., Vogel, V. de, & Lucker, T. P. (2012). Schema therapy for forensic patients with personality disorders: Design and preliminary findings of a multicenter randomized clinical trial in the Netherlands. *International Journal of Forensic Mental Health, 11*(4), 312–324.

Beurs, E. de. (2008). *Brief symptom inventory handleiding.* Leiden, The Netherlands: PITS BV.

Bögels, S. M., & Oppen, P. van. (2002). *Cognitieve therapie: Theorie en praktijk.* Houten: Bohn Stafleu van Loghum.

Broersen, J., & Vreeswijk, M. F. van. (2017a). *Werkboek kortdurende schematherapie: CGT- technieken.* Houten: Bohn Stafleu van Loghum.

Broersen, J., & Vreeswijk, M. F. van. (2017b). *Werkboek kortdurende schematherapie:* Experiëntiële technieken. Houten: Bohn Stafleu van Loghum.

Burlingame, G. M., MacKenzie, K. R., & Strauss, B. (2004). Small-group treatment: Evidence for effectiveness and mechanisms of change. In M. J. Lambert (red.), *Bergin and Garfield's handbook of psychotherapy and behavior change* (5th ed.). New York: John Wiley & Sons.

Farrell, J. M., Shaw, I. A., & Webber, M. A. (2009). A schema-focused approach to group psychotherapy for outpatients with borderline personality disorder: A randomized controlled trial. *Journal of Behavior Therapy and Experimental Psychiatry, 40*(2), 317–328.

Giesen-Bloo, J., Arntz, A., Dijck, R. van, Spinhoven, P., & Tilburg, W. van (2004). Schema-focused therapy vs. transference focused psychotherapy for borderline personality disorder: Results of a RCT of 3 years of therapy. Paper presented at the XXXIV *Annual congress of the European association for behavioural and cognitive therapies.* Manchester, UK.

Giesen-Bloo, J., Dyck, R. van, Spinhoven, P., Tilburg, W. van, Dirksen, C., Asselt, T. van. (2006). Outpatient psychotherapy for borderline personality disorder: Randomized trial of schema-focused therapy vs transference-focused psychotherapy. *Archives of General Psychiatry, 63*, 649–658.

Groot, G. H. de, Dijk, R. B. van, Broersen, J., & Ferdinand, R. (in progress). Short-term schema focused group therapy with experiëntial techniques for people with personality problems: The admission of emotions for different personality disorders.

Hafkenscheid, A. (2014). *De therapeutische relatie.* Utrecht: De Tijdstroom.

Hoffart, A., & Sexton, H. (2002). The role op optimism in the process of schema-focused cognitive therapy of personality problems. *Behaviour Research and Therapy, 40*, 611–623.

Hoffart, A., Versland, S., & Sexton, H. (2002). Self-understanding, empathy, guided discovery, and schema belief in schema-focused cognitive therapy of personality problems: A process-outcome study. *Cognitive Therapy and Research, 26*, 199–219.

Hubert, W. (1994). Cotherapie, algemene principes. In T. J. C. Berk et al. (Red.), *Handboek groepspsychotherapie.* Houten: Bohn Stafleu van Loghum.

Jacob, G. A., & Arntz, A. (2013). Schema therpay for personality disorders-a review. *International Journal of Cognitive Therapy, 6*(2), 171–185. ▶http://guilfordjournals.com/doi/abs/10.1521/ijct.2013.6.2.171?journalCode=ijct.

Jong, A. de, Heijden, C. van der, & Deen, M. (2013). Behandeling van patiënten met persoonlijkheidsproblematiek: Groep versus individuele behandeling. *Tijdschrift voor gedragstherapie en cognitieve therapie, 46*, 77–88.

Leichsenring, F., & Leibing, E. (2003). The effectiveness of psychodynamic therapy and cognitive behavior therapy in the treatment of personality disorders: A meta-analysis. *American Journal of Psychiatry, 160*, 1223–1232.

Literatuur

Linehan, M. M. (1993a). *Cognitive behavioral treatment of borderline personality disorder*. New York/London: The Guilford Press.

Linehan, M. M. (1993b). *Skills training manual for treating borderline personality disorder*. New York/London: The Guilford Press.

Lobbestael, J., Vreeswijk, M. F. van, & Arntz, A. (2007). Shedding light on schema modes: A clarification of the mode concept and its current research status. *Netherlands Journal of Psychology, 3*, 76–85.

Lobbestael, J., Vreeswijk, M. F. van, Spinhoven, P., Schouten, E., & Arntz, A. (2010). Reliability and validity of the short schema mode inventory (SMI). *Behavioural and Cognitive Psychotherapy, 38*, 437–458.

Maas, J. van der. (1994). Cotherapie in de groepspsychotherapie; casuïstiek. In T. J. C. Berk et al. (Red.), *Handboek groepspsychotherapie*. Houten: Bohn Stafleu van Loghum.

MacKenzie, K. R. (1983). The clinical application of a group climate measure. In R. R. Dies & K. R. MacKenzie (red.), *Advances in group psychotherapy: Integrating research and practice* (pag. 159–170). New York: International Universities Press.

Meekeren, E van. (2012). Correspondentie namens podium naastbetrokkenen in opdracht van Kenniscentrum persoonlijkheidsstoornissen: zie link: ► http://www.kenniscentrumps.nl/sites/default/files/publications/bpjuni2012.pdf.

Meekeren, E van, & Baars, J. (2016). Contextuele psychiatrie: Een herwaardering, met focus op naastbetrokkenen. *Tijdschrift voor psychiatrie, 58*(4), 301–308.

Muste, E., Weertman, A., & Claassen, A. (2009a). *Handboek klinische schematherapie*. Houten: Bohn Stafleu van Loghum.

Muste, E., Weertman, A., & Claassen, A. (2009b). *Werkboek klinische schematherapie*. Houten: Bohn Stafleu van Loghum.

Nadort, M., Arntz, A., Smit, J. H., Giesen-Bloo, J., Eikelenboom, M., Spinhoven, P. (2009). Implementation of outpatient schema therapy for borderline personality disorder with versus without crisis support by the therapist outside office hours: A randomized trial. *Behaviour Research and Therapy, 47*(11), 961–973.

Nordahl, H. M., & Nysaeter, T. E. (2005). Schema therapy for patients with borderline personality disorder: A single case series. *Journal of behaviour therapy and experimental psychiatry, 36*, 254–264.

Renner, F., Arntz, A., Peeters, F. P., Lobbestael, J., & Huibers, M. J. (2016). Schematherpay for chronic depression: Results of a multiple singels case series. *Journal of Behavioral Therapy and Experimental Psychiatry, 51*, 66–73.

Renner, F., Goor, M. van, Huibers, M., Arntz, A., Butz, B., & Bernstein, D. (2013). Short-term group schema cognitive-behavioral therapy for young adults with personality disorders and personality features: Associations with changes in symptomatic disstress, schema, schema modes and coping styles. *Behaviour Research and Therapy, 51*, 487–492.

Rijkeboer, M. M. (2005). *Assessment of early maladaptive schemas: On the validity of the Dutch young schema questionnaire*. Academisch proefschrift: Universiteit Utrecht.

Rijkeboer, M. M., & Bergh, H. van den (2006). Multiple group confirmatory factor analysis of the young schema-questionnaire in a Dutch clinical versus non-clinical population. *Cognitive Therapy and Research, 30*, 263–278.

Rijkeboer, M. M., Bergh, H. van den, & Bout, J. van den (2004). Stability and discriminative power of the young schema questionnaire in a Dutch clinical versus non-clinical population. *Journal of Behaviour Therapy and Experimental Psychiatry, 36*, 129–144.

Schacht, R., & Peeters, R. (2000). *Schemagerichte therapie voor moeilijke mensen: Een nieuwe uitdaging voor de cognitieve gedragstherapie*. Leuven/Amersfoort: Garant.

Simpson, S. G., Morrow, E., Vreewijk, M. F. van, & Reid, C. (2010). *Schema therapy for eating disorders: A pilot study*. ► http://frontiersin.org/psychology_for_clinical_settings/abstract/1779.

Snippe, D. (2009). *Interpersoonlijke psychotherapie in een ambulante groep. Een behandelprotocol voor depressie*. Houten: Bohn Stafleu van Loghum.

Sterk, F., & Rijkeboer, M. M. (1997). *Schema-Vragenlijst*. Utrecht: Ambulatorium Univers.

Svartberg, M., Stiles, T. C., & Seltzer, M. H. (2004). Randomised controlled trial of the effectiveness of short-term dynamic psychotherapy and cognitive therapy for cluster C personality disorders. *American Journal of Psychiatry, 161*(5), 810–817.

Thunissen, M., & Muste, E. (2002). Schematherapie in de klinisch-psychotherapeutische behandeling van persoonlijkheidsstoornissen. *Tijdschrift voor Psychotherapie, 28*, 385–401.

Trijsburg, R. W. (2006). Een testbatterij ter bepaling van groepscohesie? *Groepen, 1*(4), 69–76.

Trijsburg, R. W., Bogaerds, H., Letiche, M., Bidzjel, I., & Duivenvoorden, H. J. (2004). *De ontwikkeling van de Group Cohesion Questionnaire (GCQ)*. Amsterdam/Rotterdam: Universiteit van Amsterdam/Erasmus Universiteit Rotterdam (rapport).

Trijsburg, R. W., Knaevelsrud, Chr., & Vervaeke, G. A. C. (2001). De therapeutische relatie en de werkalliantie. In R. W. Trijsburg, S. Colijn, E. Collumbien, & G. Lietaer (Red.), *Handboek Integratieve Psychotherapie* (I 2.3, pag. 1–36). Leusden: De Tijdstroom.

Videler, A. C., Rossi, G., Schoevenaars, M., Feltz, C., & Alphen, S. P. (2014). Effects of group schema therapy in older outpatients: A proof of concept study. *International Psychogeriatrics, 26*(10), 1–9.

Vreeswijk, M. F. van, Broersen, J., & Nadort, M. (Red.). (2008). *Handboek voor schematherapie: Theorie, praktijk en onderzoek*. Houten: Bohn Stafleu van Loghum.

Vreeswijk, M. F. van, Broersen, J., & Nadort, M. (2012). *The Wiley-Blackwell handbook of schema therapy: Theory, research and practice*. Oxford: Wiley-Blackwell.

Vreeswijk, M. F. van, Broersen, J., & Schurink, G. (2009). *Mindfulness en schematherapie; een praktische handleiding*. Houten: Bohn Stafleu van Loghum.

Vreeswijk, M. F. van, Spinhoven, Ph. Eurelings-Bontekoe, E. H. M., & Broersen, J. (2012). Changes in symptom severity, schemas and modes in heterogeneous psychiatric patient groups following short term schema cognitive behavioural group therapy: A naturalistic pre-post treatment design in an outpatient clinic. *Clinical Psychology and Psychotherapy.* ▶doi:10.1002/cpp.1813.

Weertman, A. (2008). Gebruik van experiëntiële technieken voor diagnsotiek. In Vreeswijk, M. F. van, Broersen, J. & Nadort, M. (Red.), *Handboek schematherapie: Theorie, praktijk en onderzoek.* (pag. 47–56). Houten: Bohn Stafleu van Loghum.

Weertman, A. (2012). The use of experiential techniques for diagnostics. In Vreeswijk, M. F. van, Broersen, J., & Nadort, M. (Red.), *Handboek voor schematherapie: Theorie, praktijk en onderzoek.* Houten: Bohn Stafleu van Loghum.

Wijngaart, R. van der. Persoonlijke correspondentie: vijfstoelentechniek.

Wilfley, D. E., MacKenzie, K. R., Welch, R. R., Ayes, V. E., & Weysman, M. M. (2000). *Interpersonal psychotherapy for group.* New York: Basic Books.

Yalom, I. D., & Leszcz, M. (2005). *Theory and practice of group psychotherapy* (5th ed.). New York: Basic Books.

Young, J. E. (2003). *Young schema questionnaires: Informal clinical scoring instructions.* Retrieved from ▶www.schematherapy.com.

Young, J., Arntz, A., Atkinson, T., Lobbestael, J., Weishaar, M., Vreeswijk, M. van, & Klokman, J. (2007). *SMI-1.* New York. Retrieved from ▶www.schematherapy.com

Young, J. E., & Brown, G. (2003). Young schema questionnaire (YSQ-L2). Retrieved from ▶www.schematherapy.com.

Young, J. E., & Klosko, J. S. (2005; Nederlandse vertaling). *Schemagerichte therapie.* Houten: Bohn Stafleu van Loghum.

Young, J. E., Klosko, J. S., & Weishaar, M. E. (2003). *Schematherapy: A practitioner's guide.* New York: The Guilford Press.

Young, J. E., & Pijnaker, H. (1999). *Cognitieve therapie voor persoonlijkheidsstoornissen: Een schemagerichte benadering.* Houten: Bohn Stafleu van Loghum.

Zorn, P., Roder, V., Muller, D. R., Tschacher, W., & Thommen, M. (2007). Schemazentrierte emotiv-behaviorale Therapie (SET): Eine randomisierte evaluationsstudie an patienten mit persönlichkeitsstörungen aus den clustern B und C. *Verhaltenstherapie, 17,* 233–241.

MIX
Papier aus verantwortungsvollen Quellen
Paper from responsible sources
FSC® C105338

If you have any concerns about our products,
you can contact us on
ProductSafety@springernature.com

In case Publisher is established outside the EU,
the EU authorized representative is:
**Springer Nature Customer Service Center GmbH
Europaplatz 3, 69115 Heidelberg, Germany**

Printed by Libri Plureos GmbH
in Hamburg, Germany